U0508408

志愿服务理论与管理研究

周林波　著

全国百佳图书出版单位　吉林出版集团股份有限公司

图书在版编目（CIP）数据

志愿服务理论与管理研究／周林波著 . -- 长春：
吉林出版集团股份有限公司，2022.8（2023.9 重印）
ISBN 978-7-5731-1943-8

Ⅰ . ①志…　Ⅱ . ①周…　Ⅲ . ①志愿-社会服务-管理
-研究　Ⅳ . ①C916

中国版本图书馆 CIP 数据核字（2022）第 143884 号

ZHIYUAN FUWU LILUN YU GUANLI YANJIU

志 愿 服 务 理 论 与 管 理 研 究

　　　著：周林波
责任编辑：朱　玲
封面设计：雅硕图文
开　　本：720mm×1000mm　1/16
字　　数：160 千字
印　　张：8.75
版　　次：2022 年 8 月第 1 版
印　　次：2023 年 9 月第 2 次印刷

出　　版：吉林出版集团股份有限公司
发　　行：吉林出版集团外语教育有限公司
地　　址：长春市福祉大路 5788 号龙腾国际大厦 B 座 7 层
电　　话：总编办：0431-81629929
印　　刷：涿州汇美亿浓印刷有限公司

ISBN 978-7-5731-1943-8　　定　　价：52.00 元
版权所有　侵权必究　举报电话：0431-81629929

前　言

　　志愿服务是人们参与社会生活的一种非常重要的手段。我们一般提到志愿服务就会想到慈善活动和社会福利工作，它们其实也是志愿服务最基本的形式。在过去，人类提供的志愿服务多是一种个体性的志愿服务，所能影响的范围有限。但是，随着人类社会的不断发展，个体的志愿服务功效越来越让位于志愿组织，志愿组织所提供的群体性的志愿服务能扩大志愿服务的影响范围。尽管志愿组织在人类社会中的作用变得愈发显著，但这并不意味着个体志愿者在志愿服务中的作用"消失"了，他们依然在志愿服务中扮演重要角色，与志愿组织一起促进志愿服务的发展。

　　志愿服务的发展要从理论层面逐步推进，也要从管理层面进行落实。新时代，中国推进国家治理体系与治理能力现代化建设的一项重要战略部署就是志愿服务，它甚至还在一定程度上能促进中华民族伟大复兴目标的实现，促进中国特色社会主义事业的发展。尤其是在我们全面建成小康社会之后，志愿服务已经受到许多中国民众的支持与推崇，甚至有些人已经将志愿服务看作是自己生活的一部分，看作是能满足其精神需求的重要方面。志愿服务是人类社会进步与发展的产物，对它的发展规律予以把握，对其本质进行揭示，有利于人们更好地使志愿服务成为促进其生活幸福目标实现的有效手段。志愿服务规律统筹的结果就是志愿服务理论，该理论指导志愿服务工作实践。中国的志愿服务工作虽然比西方国家晚一些，但是经过多年的实践，中国也已经形成了独具自身特色的志愿服务理论体系，它是中国志愿服务得以长久发展的内驱力。

　　理论的研究最终都是要落脚于实践的，也就是说，志愿服务理论是必须要经得住志愿服务管理的"考验"的。中国正处于社会转型时期，各种社会问题不可能只依靠政府来解决，志愿者也可以帮助政府完成治理工作。经过多年的探索与实践，中国志愿服务管理水平有了明显的提高，但是，也要承认的是，其在管理方面仍然存在一些问题，比如管理主体不明确、缺乏有效的专业培训体系、评价体系不完善等，对于这些问题，志愿服务理论都可以"提供"一些解决"思路"。

　　鉴于志愿服务的重要性以及中国志愿服务存在的问题，笔者在总结前人优秀研究成果以及自身丰富教学经验的基础上，对志愿服务理论与管理问题进行了探究。本书共分为六章，第一章介绍了志愿服务的基础知识，解析了志愿服务的内涵，总结了志愿服务的特点、原则与功能，梳理了志愿服务理论。第二章主要论述了志愿服务组织管理与项目管理问题，同时对北京奥运会观众服务志愿项目管理问题进行了详细探究。第三章到第六章具体探讨了志愿服务理论与管理研究问题，分别从大学生、社区、企业、社会与政府的角度展开。志愿服务是体现个体自我价值的方法，同时还也能社会的和谐发展，因此，对志愿服务问题进行研究是十分有必要的。

　　本书结构清晰，内容丰富，能为志愿服务的发展提供新的思路，同时也能为志愿服务研究添砖加瓦。更重要的是，能为中国志愿服务工作提供一些借鉴。不过，由于时间仓促以及作者水平有限，书中的一些观点可能存在不当之处，恳请各位读者批评指正。

目　录

第一章　志愿服务概述

志愿服务是一项伟大而崇高的事业，在当今社会，它正在成为社会变革过程中的一种积极力量，这种力量被越来越多的国家关注并提倡，它已经是许多国家社会保障体系和社会公益事业的重要组成部分，也是许多国家社会经济协调发展过程中的重要因素。本章将阐释志愿服务的内涵，分析志愿服务的特点、原则与功能，研究志愿服务的理论基础，探讨志愿服务对新时代青年发展的重要意义。

第一节　志愿服务的内涵解析

一、志愿服务的概念解读

2017 年 12 月 1 日，国务院颁布的《志愿服务条例》正式实施，这是我国第一部关于志愿服务的专门性法规。《条例》明确指出，志愿服务是指志愿者、志愿服务组织和其他组织自愿、无偿向社会或者他人提供的公益服务①。志愿服务主要包含以下三个方面的含义。

（一）志愿服务受到内在精神动力的驱动

在社会上，有这样一群人，他们无怨无悔地牺牲自己的休息时间，到社区帮扶别人；他们放弃城里的优越生活，远赴西部大山深处教书育人；他们以奉献为乐，到大型社会活动场所维护活动秩序。他们有一个共同的称谓——志愿者。志愿服务并不是一种简单的服务工作，它是志愿者在志愿精神的感召下，

---

① 荣德昱. 青春与伙伴同行——我国志愿服务法律法规与政策选编 [M]. 杭州：浙江工商大学出版社，2017：4.

主动地、自觉自发地开展的社会服务工作。

按照联合国志愿人员组织对志愿者精神的理解，可以对志愿精神进行如下解读：志愿精神是一种在自愿的、不计报酬或收入的条件下参与推动人类发展、促进社会进步和完善社区工作的精神，是公众参与社会生活的一种重要方式，是个人对生命价值、社会、人类和人生观的一种积极态度。无私奉献的志愿精神是志愿服务的精神内核。正是在这种强大的内在精神动力的支撑下，志愿者们志愿贡献个人的时间、精力等，在不谋求任何物质报酬的情况下，从事社会公益与社会服务事业，把关怀带给社会，传递爱心，传播文明，给社会以温暖。

（二）志愿服务属于非营利性活动

志愿服务不是一种用以谋生或营利的职业，而是个体出于奉献社会的意愿开展的社会服务，是一种非营利性的活动。虽然志愿服务不追求经济报酬，但并不意味着组织的运转不需要资金方面的支持。事实上，现代志愿服务组织和机构要实现发展和维持运转，离不开充足的经费支撑。但志愿服务组织和机构不能违背志愿精神的本质，不能以营利为目的，更不能从自己的服务对象中收取经济方面的回报。

（三）志愿服务属于社会公益活动

志愿服务不仅仅是一种做好事和助人为乐的简单活动，而是一种系统地、有组织地、自愿地开展的社会公益服务。它作为社会建设和社会管理的重要组成部分，弥补了政府、市场和个人力量的短板，起到了加强国家和个人相互联系的桥梁作用。总的来说，志愿服务就是由内在志愿精神所支撑的，由自愿自觉的内部动机所指引，利用个体知识、技能、体能或财富服务社会，不计外在报酬、奖励的一种非营利、公益性活动。

二、志愿服务的类型划分

（一）以组织化程度为标准划分

志愿者通过各种各样的组织参与志愿服务，包括为这些组织提供志愿服务和通过这些组织向第三方提供志愿服务，这被称为"有组织的志愿服务"。一般来讲，此类"有组织的志愿服务"均有较为明确的工作目标和实施计划，对志愿者也有规范的管理举措，因而也可称为"正式志愿服务"。

与之相对应的，人们自发地付出时间，为周围人群、环境提供无偿的利他服务，不具备组织性，是个人意愿的志愿行为，此类志愿服务统称为"非正式志愿服务"。受西方发达国家志愿服务工作的影响，正式志愿服务已日趋成为我国现代志愿服务的主流，而非正式志愿服务也是整个社会志愿服务工作的重要组成部分，是一种中华民族优秀互助利他文化在当代的延续与传承。

（二）以受益对象为标准划分

人们直接提供给受益对象（个人、环境、社区等）的志愿服务，称为"直接志愿服务"。在直接志愿服务中，志愿者提供的服务直接作用于服务对象，与服务对象之间有直接接触，例如，为敬老院的老年人提供生活起居方面的照料，等等。

与"直接志愿服务"相对，通过为志愿服务组织方工作而间接服务于受益对象的志愿服务，被称为"间接志愿服务"。在间接志愿服务的过程中，志愿者付出的服务并不直接作用于服务对象，而是通过为志愿者组织方提供相关服务而间接使服务对象受益。例如，在志愿服务组织中，协助组织方整理志愿者资料档案，虽然没有直接使服务对象受益，但是通过间接提供服务保证了志愿服务活动的顺利实施。

（三）以服务内容为标准划分

社会组织和个人自愿为老年人提供的无偿服务，称作"助老志愿服务"在中国传统社会的定义里，赡养老人是家庭成员应当承担的责任和义务。随着社会的不断发展进步，养老逐渐开始由国家、社会、机构、社区等除家庭之外的机构承担。助老志愿服务由志愿者向毫无血缘关系的老年人提供非营利的利他服务，随着社会老龄化趋势的日渐凸显，助老志愿服务逐渐成为当代志愿服务活动中的一个重要组成部分。

社会组织和个人自愿为残疾人提供的志愿服务，被称为"助残志愿服务"随着社会福利政策的不断发展完善，助残志愿服务在协助残疾人康复、帮助残疾人就业等多方面日益发挥着重要作用，逐渐成为建立健全残疾人社会保障体系和服务体系的一项重要内容。

志愿者及其组织在突发灾害事件的预防、备灾、紧急救援和灾后重建（恢复）阶段提供的各种非营利、无偿、非职业化的利他服务，被称作"应急志愿服务"。应急志愿服务要求志愿者必须接受相关专业知识的培训，从而能够有效弥补专业救援队伍的不足，成为政府救助资源的有效补充，节省开支、创造有益价值。

社会组织和个人自愿无偿地为环境管理和环境保护奉献时间、精力和知识技能的服务，被称为"环保志愿服"。其活动内容非常广泛，涉及环境监测、生态恢复、濒危动物保护、自然教育、环保宣传等各个方面。环保志愿服务起源于 20 世纪 60 年代后期，人们鉴于自然环境承载能力与人类发展自身需要的矛盾，引发提出重构人与自然和谐关系命题，由此催生大量民间环保志愿组织，对推动环保事业发展促进公众参与发挥了积极作用。

志愿者为大型体育比赛提供的志愿服务被称为"赛会志愿服务"。赛会志愿服务分为两种，一种是普通赛事志愿服务，志愿者主要从事秩序维持、环境、后勤服务、场馆服务、环境整治、安全保卫、接待等工作；另一种是专业赛事志愿服务，志愿者主要从事语言翻译、竞赛配合、技术等工作。大型赛会志愿服务展示了体育独特的精神价值，志愿者们为完成一个有益于社会的共同目标而无私奋斗，增强了社会的亲和力和凝聚力。

志愿者利用自己的医疗知识和技能无偿为他人提供预防、保健、诊断、治疗、康复、护理等医疗性服务的形式，被称为"医疗志愿服务"。医疗志愿服务的地点既可以在医院内部，也可以在医院外部。医疗志愿服务的发展，在流行病和自然灾害给人们造成的疾病与创伤中，为当地卫生系统提供了大量的人员和技术支持，能救灾民于水火之中，是促进社会福利更加完善、社会良性发展的必要条件。

（四）以服务形式为标准划分

常态化志愿服务，即志愿者在正常状态下进行的志愿服务，它体现了志愿服务时时可为、处处可为、人人可为、事事可为的特点。如志愿者义务向民众普及日常生活小常识、自愿为民众进行健康普查、免费为民众进行家电维修等。志愿者在给民众的生产生活提供诸多便利的同时，也能够推动志愿服务的常态化发展。

非常态化志愿服务即志愿者在非正常状态下进行的志愿服务。如大型活动志愿服务、应急志愿服务等。北京奥运志愿服务、汶川地震志愿服务等均是非常态化志愿服务的典型代表，它能够在紧急或关键时刻为国家和社会做出突出贡献。

第二节　志愿服务的特点、原则与功能

一、志愿服务的特点

（一）自愿性特征

志愿在英文中表述为"voluntary"，含义是自愿的、主动、自发的意思。中文中有着同样含义。"志"，是心之所往，"愿"，是情之所愿、自己愿意。因此，"志愿"从字面意思来看就是"有志向心的自愿行为"。具体而言，包括两层意思：一层意思是个人实现某种价值的意愿，另一层意思是自发的行动。二者都强调了个体的自由意志和个人选择，是自觉参与。志愿者进行志愿服务必须是出于自愿选择，非受第三人或外界的强制，这样才能使志愿服务与一般的国家机关或社会组织的职务行为区分开来。

虽然目前大多数的志愿活动都是由政府或社会组织发动的，但志愿者都是作为个人自愿参与其中的，在参与过程中始终保有选择是否参与的权利，因而是自愿的。志愿服务不能作为一种义务而强加于任何社会成员。当然，自愿服务也不是运动性的。自愿性是志愿服务区别于其他社会行为的首要前提。

（二）无偿性特征

志愿服务是无偿奉献的。志愿服务的动机是非营利趋向的，不以物质报酬为目的的，明显区分于追求个人利益最大化的经济行为。这就保证了志愿服务的本质是奉献社会、服务社会。在志愿服务活动中，志愿者不得向接受志愿服务的组织或者个人索取、变相索取报酬，也不得收受、变相收受报酬，还不得接受志愿服务对象的捐赠。总之，志愿者不得以志愿者身份从事任何以营利为目的的活动。

当然，志愿服务的无偿性并不等同于完全免费。在志愿服务过程中，志愿者需要投入一定的时间和精力，因此志愿者可以得到一些补贴，如交通补贴、餐饮补贴等。尽管这些补贴在一定程度上可以弥补他在志愿服务过程中的成本投入，但是这些补贴的价值实际上远远低于他付出后所应该得到的收入。同时，志愿服务组织也不得以营利为目的组织志愿服务，让志愿者成为免费或廉价的社会劳动力，变相地进行商业服务活动。当然，为了保障和促进志愿服务事业的健康发展，国家支持和鼓励志愿服务组织积极开辟多元的经费来源渠道。

其实，在西方一些法治国家，人们对志愿服务与义务服务、志愿者与义工有所区别。比如在西欧和日本，志愿服务为非营利性服务，志愿者可以要求、接受服务对象为其提供基本食宿和最低生活费用。我们应该提倡并鼓励志愿者、志愿服务组织贡献自己的时间和精力、无偿地为服务对象提供帮助的志愿奉献精神。与此同时，我们也应该倡导全社会尊重志愿者、志愿服务组织的志愿服务工作，尽可能为志愿者、志愿服务组织提供开展志愿服务工作所需的各种必要条件。

（三）公益性特征

志愿者最基本的动机是利他主义，即帮助他人，使社会生活更美好。公益性是体现志愿服务社会价值的基本源泉。[①] 公共福利和社会公益是志愿服务的价值目标，也是衡量志愿服务的社会价值性和有用性的评判标准。但是，志愿服务的公益性并不代表志愿者参与志愿服务就是完全的给予。严格来说，志愿服务是一种助人自助的行为，在服务他人和社会的同时，志愿者个人在精神生活、实际能力、社会声誉等各方面都会得到提升。

其实，强调志愿服务的公益性，并不仅仅是要求个人牺牲自我价值，而是个人自我价值与社会价值的有机统一。我们帮助一个弱者，体现了社会的弱者关怀机制；我们参与一项公益事业，比如环保、信息公开，意味着在改善和发展公共环境方面社会能力在提升。每个人都可能经历某些方面的弱势情形，比如，金钱、健康、心理、年龄等，对于弱者的关怀和公共环境的改善，也是对我们社会处境的改善。可见，志愿服务追求公共价值是个人实现个体责任和社会责任的统一。

（四）组织性特征

志愿服务体现的是一种人与人之间的社会关系。它不是个人生活的私人关系，而是在一定的公共空间和特定的人群当中进行他助或互助。这也就意味着志愿服务一般都以有组织的、公开的、社会化的形式开展，而不同于那种邻里之间的互助，或者是日常生活偶尔为之的好人好事。

---

① 北京市旅游发展委员会．北京旅游志愿服务［M］．北京：旅游教育出版社，2016：23．

二、志愿服务的原则

志愿服务的原则主要依据《志愿服务条例》，该条例围绕志愿服务构建了一个包括志愿服务主体制度、运作制度、保障制度、激励制度、责任制度和涉外制度在内的综合性志愿服务法制保障体系。

《条例》明确指出，开展志愿服务，应当遵循自愿、无偿、平等、诚信、合法的原则，不得违背社会公德、损害社会公共利益和他人合法权益，不得危害国家安全。

根据《条例》，需要志愿服务的组织或者个人可以向志愿服务组织提出申请，并提供有关信息，说明可能发生的风险，志愿服务组织应当及时答复；志愿者、志愿服务组织、志愿服务对象可以根据需要签订协议。

《条例》规定，志愿者接受志愿服务组织安排参与志愿服务活动的，应当服从管理，接受必要的培训；志愿者应当按照约定提供志愿服务，因故不能按照约定提供志愿服务的，应当及时告知志愿服务组织或者志愿服务对象。

三、志愿服务的功能

（一）应对市场和政府的缺陷问题

面对现代社会日趋复杂的各种问题，传统的治理工具——市场和政府都已暴露出缺陷，在不同程度上呈现出市场失灵和政府失灵的现象。志愿组织是介于市场和政府之间的第三部门，它的非营利性和非政府性的特征决定了其具有弥补市场失灵和政府失灵功效的天然优势。志愿服务能作为市场和政府的有效补充，满足现代呈多元化的社会需求。

在市场经济的社会中，各种社会资源都按照市场原则配置，而诸如社会弱势群体保护，环境治理等领域如果仅仅试图通过市场来获取能解决问题的资源是不太现实的。这些社会问题在获取市场资源方面显然处于劣势，需要政府的特别照顾，由政府出面提供相关公共服务来加以解决。

如果一国政府的公共服务供给能力不足或相关的法规制度存在空白缺失，则政府解决问题的效果可想而知。但即使一国政府拥有较高的公共服务供给能力和相对较为完善的制度，在上述领域中政府行为的参与也并不能确保社会资源公平公正的分配以及社会各类群体多元化需求的满足。

政府掌握的社会资源亦是有限的，从政府角度而言，将其行为定位为满足大多数社会成员的需求是无可厚非的，但这就注定了由政府提供的公共服务必然无法事无巨细地满足所有社会成员的多元化需求。而这正为志愿服务留下了无比广阔的发挥空间。同时，政府自身无法克服的"官僚化"运作倾向而伴随的办事刻板、反应迟缓也使得政府在诸多社会问题的处理上，失误现象无法避免。

志愿组织和企业相比，有着非营利的目的，不追求经济效益，而是取之于民，用之于民，以获取社会公众的福祉和利益为目标。志愿组织与政府相比，在组织架构和工作方式上有较强的灵活性和多样性，同时凭借其深入基层的优势，往往位于问题出现的第一线，因而对问题相关信息掌握更为详实，也彰显着更为灵敏快捷的反应。另外，作为民间的非政府组织，志愿组织是政府和社会沟通的桥梁和纽带，有着更广泛的可动员的社会资源，能充分利用其各种优势在有效整合社会资源的基础上追求社会公益，满足多元化需求。

(二) 缓解部分社会矛盾问题

现代社会中各种社会矛盾不可避免，贫富差距大、失业、腐败、各阶层利益冲突等等，这些问题如果持续积压到一定程度，而社会又缺乏必要的疏导机制的话，将必然会影响到政治稳定和社会发展。志愿服务组织就扮演非常重要的社会润滑剂的角色，它是政府和社会之间的中介。一方面作为弥补政府不足的有效补充，服务于社会公众，另一方面能充当社会特定群体的代言，向政府反映其利益需求，迫使政府决策时参考，同时作为社会力量代表监督政府行为。志愿组织正式通过其有序合法的行为，疏导着社会的不良情绪，缓解社会矛盾和政府压力。

社会和谐就是实现民主法治、公平正义、诚信友爱、充满活力、安定有序、人与自然的和谐相处。衡量民主的关键指标是看社会中各个阶层、群体是否有相应的渠道参与影响国家政治过程，表达自身的利益，尤其是社会弱势群体。公平正义实质是在社会财富和资源分配中体现对弱势群体的倾斜。①

一方面，世界各国志愿组织的活跃就是现代社会公民的民主权利之一——结社权的最好体现。另一方面，社会弱势群体往往是世界各国志愿服务的重要对象，有很多志愿服务组织就是专门针对某些弱势群体开展活动的，如照顾孤寡老人、扶助残障儿童等。这些志愿组织不仅仅以其为服务对象，而且关注该群体公民权利的实现，代表该群体向现行政治体系提出利益要求，争取相关权益和政策照顾，并经常性地开展宣传和组织动员更多民众投身到弱势群体的服务事业。

---

① 党秀云. 志愿服务制度化——北京经验与反思［M］. 北京：国家行政学院出版社，2013：11.

　　诚信友爱，就是全社会互帮互助、诚实守信，这恰恰就是志愿服务精神的精髓所在。志愿者来自社会的任何阶层，秉持友爱互助的志愿精神，耗费自己的时间、精力和专业技能为社会其他成员提供帮助，这能加强人们之间的交往和关怀，减少彼此的疏远感，有助于营造整个社会诚信友爱的氛围，促进社会各阶层群体的交流和融合。志愿服务能弥补政府失灵、缓解民众因政府公共服务供给不足所造成的不满情绪，缓和社会矛盾和冲突，当然有利于构建安定有序的社会状态。

　　在名目繁多的各类志愿服务组织中。其中占重要一席之位的是环境保护类志愿组织，其关注的焦点就是人与自然的和谐相处，宣传环保理念，提倡低碳环保的生活方式。从和谐社会的内涵构成来看，志愿服务对每一层面的和谐目标的实现都有着积极的促进意义。

（三）增强人的社会责任感

　　志愿服务除了能给服务对象带来切实的收获和帮助外，对于服务提供者也有着积极的功效。社会不是无数个体的组合，而是一个相辅相成不可分制的整体。要想使社会发展更美好，则每个人都需要有对社会负责、对他人负责的意识。志愿者通过帮助他人的行为，以自己的时间、精力、专业技能等不求回报地贡献社会，从而实现自我价值，尽公民对社会和他人的责任和义务。

　　志愿服务提供了培养和强化公民社会责任感的有效途径，在服务他人的过程中，志愿者能加深对自身社会角色的认识，意识到社会中个体的重要性，充分理解社会对公民的期待和每个公民对社会的责任。随着志愿服务的推广，越来越多的公民参与其中，公民社会责任感的激发伴随的是社会中公民主体意识的强化，而这是形成公民社会的重要条件。

　　一个社会文明程度的高低直接体现在广大社会成员的精神风貌和公共生活上。志愿服务是社会文明的助推器，其所倡导的志愿精神是构建现代文明社会的基本要件。志愿服务发展程度甚至被视为衡量一个社会文明程度的重要指标。在市场经济普遍盛行的现代社会，市场经济往往会在其社会文化中投射出利益化和物质化的倾向。这极易使社会大众的价值观庸俗化，引发人们精神的失落和人生的迷茫，最后甚至可能造成整个社会精神文明的缺失。而志愿服务秉承友爱、互助、奉献、公益的志愿精神，在现代社会倡导着积极向上的健康价值观和精神面貌。

　　志愿服务通过志愿者把社会关怀传递给服务对象的同时，也传递了爱心、传播了社会的文明。志愿者的服务和关怀能帮助服务对象树立自信，消除社会疏离感。增强其对社会的归属感，乃至感染和激励其回报社会投身志愿事业。

同时，"赠人玫瑰，手有余香"，通过志愿服务，志愿者也能体验社会、开阔视野，提高自身素质。在志愿服务过程中，志愿者和服务对象都得以成长锻炼和自我完善。在某种意义上，整个社会文明程度的提升其实就是在公民自我素质不断提高和积极健康的价值观志愿精神不断推广的过程中得以实现的。

第三节　志愿服务的理论基础研究

一、社会互动与社会交换

在日常生活中，我们要和各种人各种事物打交道，比如打电话、回答问题、交流谈话、买卖商品等等，这些社会交往过程就是社会互动。所谓社会互动，是指社会上个人与个人、个人与群体、群体与群体之间通过信息的传播而发生的相互依赖性的社会交往活动。① 社会交换论形成于 20 世纪 50 年代末 60 年代初，是美国当代社会学理论的主要流派之一，主要代表人物有霍曼斯（George Casper Homans）、布劳（Peter Michael Blau）等。社会交换理论着眼于人们在社会生活中相互交往的外显行为，用代价和报酬来分析社会关系，认为社会互动的实质是人们交换酬赏和惩罚的过程。

社会交换论涉及的内容非常丰富，主要的命题有成功命题，即如果个人的某种行动经常得到报酬，这个人就越愿意从事该行动；刺激命题，即如果个人的某种行为得到酬赏，那么在类似的情况下这个人就越可能采取该行动；价值命题，即一种行动对个人越有价值，这个人就越可能采取该行动；剥夺—满足命题，即个人在一定时期内经常得到某一酬赏，而后的这种酬赏对他来说价值就越小；侵犯—赞同命题，即如果某人的行为没有得到预期的酬赏或者反而受到惩罚，他就可能采取侵犯行为，如果某人的行为没有获得惩罚或者反而受到酬赏，他就可能赞同该行为，等等。

互惠是社会交换理论中的核心概念之一，在社会交换论中讨论志愿服务不是要将志愿服务曲解为要求对等回报的营利行为，志愿服务具有自愿性和无偿性，不以任何回报作为追求。但是我们会发现，志愿者在从事志愿服务活动时，会付出时间、精力、劳动等代价，与此同时，志愿者也收获了信仰认同、团队合作、价值表达等无形的回报，可以将这种无形的回报视为一种互惠。

---

① 郑杭生. 社会学概论新修［M］. 北京：中国人民大学出版社，2003：125.

根据社会交换论的命题，也可以得出志愿服务命题。首先是志愿服务成功命题，如果一个社会个体在志愿服务中越多地感受到自我价值的存在，感受到服务他人的重要意义，那么他就越愿意参加志愿服务活动。其次是志愿服务刺激命题，如果一个社会个体经常接收到志愿服务的理念教育，那么在遇到相似的情境时，他就越容易参加志愿服务。最后是志愿服务赞同命题，如果一个社会个体参与志愿服务的行为得到他人和社会认可的程度大大超过他的预期，那么他就会越对志愿服务活动产生认同感，越容易参加志愿服务活动。从个体与社会互动关系的角度来看，志愿服务具有重要的功能。

第一，志愿服务有助于连接孤立的社会个体，关注与推动个体发展。我国持续多年的社会变迁，社会的分化变得日益明显，社会个体逐渐从原来单位、集体、家族、社区中抽离出来，社会的个体化特征和趋势日益清晰，社会成员逐渐成为"自己决定自己命运"的独立个体，原有的社会连接纽带日渐疏离。而志愿服务作为社会参与的组织者之一，将社会中原本分离的个体连接在志愿服务的纽带之下，个体在志愿服务中找到归属感，同时又在志愿服务中将个体与他人、个体与社会连接起来。在个体化社会时代，过度地强调少数服从多数而忽视个体的个性特征，势必会造成个人利益的损失，而志愿服务在开展的过程中更多地关注每个个体的独特性，将个体在社会中的发展作为重要的出发点。

第二，志愿服务能实现人与他人、人与社会、人与自然、人与自我的良性互动。志愿服务活动的类别繁多，有环保志愿服务、社区志愿服务、农村志愿服务、医疗志愿服务等等，通过参与不同性质、不同种类的志愿服务活动，公民将其个体与他人、社会、自然连接在一起，从而积极地参与社会事务活动中去。此外，公民个体在参与志愿服务的同时，提升了对自我的认识，形成了与自我的良性互动。

二、人本主义理论

人本主义是志愿服务发展的重要基础性理论，人本思想是志愿者自身驱动力的源泉之一，也是现代志愿者服务行为的重要起源。人本主义思想尽管在不同时期有着不同的内涵，但它始终伴随着人类发展的历程，渗透到人类社会各个阶层、各个领域、各种结构中，影响着人类的思想与行为。由于青年的基础性、未来性等本质特征，使人本主义思想对青年的发展，特别是其社会参与、社会关系的建立具有特别重要的意义。

"人本"，即"以人为本"，是指以人的发展为目的、以人的需求为准则、以人的价值为尺度的思想，是一种以人为本的科学发展的思想。青年群体是一个在生理、心理和社会发展上都具有突出特殊性的社会群体，对于这一群体而言，发展具有特别重要的意义。青年期的发展核心是在生理发展的基础上，建立个体与社会的积极适应关系，成长为一个合格的社会公民。在这一过程中，自我发展的积极性、主动性、迫切性都远远高于其他群体。其自我意识的确立，在社会关系意义上学会遵从社会客观规律并保持独立的自我，是每个青年必然经历的发展过程。

青春期又称为叛逆期，也被称为第二次诞生。自我认识和自我评价，在社会意义上找到真正的自我，一直是青春期最核心的发展命题。在人类早期的氏族部落中，"成人礼"虽然只是一个简单的仪式，但却蕴含着青年时期人类成长的重大命题和关键环节。这一仪式可以划分为分离、过渡和聚合三个阶段。分离充满着痛苦和恐惧，但它是从家庭走向社会的必经之路；过渡是选择和纠结，但它是从儿童期的幼稚状态过渡成为一个有着明确的个人目标、价值观以及信念的，能够在社会上发挥自我价值的人的必然过程；聚合是学习，是社会化，是被成人社会真正地接纳。

青年急于成长，具有强烈的发展动力；青年急于获得社会的承认，具有强烈的学习意愿，特别是社会学习的意愿；青年急于认识和显示自我，具有强烈的参与热情；青年急于与外部世界建立关系，具有强烈的群体交往与互动的愿望。因此，人本主义思想不仅可以成为解释青年发展的重要理论源头，而且也是青年志愿服务的重要理论基础。

在志愿服务中，如何遵循人本思想，重视充分发展青年的个体潜在能力，调动青年参与志愿服务的积极性，引导青年在志愿服务中体验自我发展和成长；如何遵循人本思想，强调人的主观能动性，强调"自我"，强调人生存的目的在于进一步充实生命和自我实现的思想价值，引领青年在志愿服务中学习体验正确认知自我，体会积极的自我实现；如何遵循人本主义思想，重视人的独特性，强调每个人都具有以自我为中心的发展需要的思想价值，通过青年志愿服务，发挥每一个青年的主观能动性，尊重每一个孩子的独特性，引导青年树立科学的自我发展观念等等。这些问题的探索和研究，对于健康地发展青年志愿服务具有特别重要的理论创新和实践指导意义。

三、公民社会理论

公民社会这一概念来自英文"Civil Society"，不同学者根据自身的理解还将其译作市民社会和民间社会。市民社会是最初的译法，其理论基础是社会契约论，主要来源于马克思的经典著作的中文译法。而民间社会是在国家与社会逐步分离后所形成个人追求自身利益的"私人"的社会。公民社会是目前最为普遍的译法，具有一定的代表性。

公民社会理论认为，市场经济、民主政治与公民社会是相互作用而不可分离的，正是以公共交往为核心的公民社会将人们从国家与经济的超强控制与统治中解脱出来，并进而在国家、经济、社会三者之间建立一种良性互动关系。① 公民社会的中心话题是在国家与社会裂变为独特的个体元素的过程中，如何建立具有自治、自主、自律性的社会组织，从而形成经济、政治、社会良性互动的现代化的社会结构。

公民社会不是控制与被控制、支配与顺从的社会，而是一个全体公民参与社会建设的社会。传统的封建统治时期，个人在封建宗法制的统治之下严重地依附于宗族，形成了对权威顺从和对个性漠视的时代特征，个体在社会公共事务中习惯于被动地接受而不是主动地参与。步入现代社会以后，所有的公民被纳入了一个相互连接的网络之中，如果说传统社会的个体由于自给自足的小农经济而不关注社会发展的话，那么作为现代社会网络中的一员则无时无刻不与社会发生着联系。公民积极参与社会建设是公民社会理论的本质要求，随着我国社会主义市场经济体制深入发展，公民参与社会管理和公共服务的思想观念也逐渐深入人心。

由此可以得出一个这样的假设：社会现代化的前提条件是公民个体的现代化，只有每个公民真正意识到自己是一个社会公民存在的时候，他才可以真正称其为公民；同样，只有公民真正参与社会公众事务，发挥公民价值的时候，整个社会才能称其为文明社会。

公民的社会参与不止依赖于社会制度建设，更依靠公民个体的内在追求。在我国，目前公民参与公共事务治理的渠道还比较少，而现存的一些参与机制又存在诸多不完善的地方。志愿行为便是现代公民参与公共事务的一个重要的、便捷的途径，它能激发并推动个体的社会参与，激发社会成员的主人翁意识，增强他们的社会责任感。志愿者组织也在加强社会建设、增强民主法治、推动社会文明进步中发挥着日益重要的作用。

四、生命历程理论

生命历程理论可以被视为人本理论的一个组成部分。依据这个理论，志愿服务作为个体的重要生命事件，会使生命的个体意义与社会意义连接在一起。这种连接对于青年发展具有特殊的价值和意义。生命历程理论作为一种主要的研究范式，出现在 20 世纪 60 年代，之后得到了迅速发展。这一理论将个体看

---

① 赵立波. 公民社会理论与我国非政府公共组织［J］. 山东行政学院学报，2000（A1）：123.

作是在一生中按照一定顺序，不断地扮演社会角色和参与生命事件的主体。

通过描述个体重要事件的生命轨迹及转折的结构和顺序，来帮助生命的个体意义与社会意义建立起相互联系。生命历程的研究涉及生命周期、人生阶段的话题，特别是青年发展的相关话题，具有浓厚的生理学和心理学色彩，是医学、心理学、教育学和社会工作等专业观察理解、描述分析青年问题的重要基础性理论视角。该理论的基本假设和基本思想认为，青年发展的不同阶段是一个身心逐渐成熟的过程，在不同的发展阶段面临不同的问题，存在不同的需要，应该采取不同的干预措施和提供不同的服务；只有确定青年不同发展阶段的需要，并满足他们的基本需要，才能确保青年身心的健康成长。

心理社会发展八阶段理论，强调人生的每一个阶段都有一个特殊的矛盾，每一个阶段都有特殊的社会心理发展任务。这些理论要点，是多种社会服务领域，特别是青年服务领域里较受欢迎的操作化理论体系，具有很强的工具性和实践色彩。从这一理论视域去看待青年志愿服务，志愿服务能够为青年志愿者提供同龄群体或以兴趣为联结的伙伴；青年会因志愿服务强烈的价值理念，更加重视相互联系的生命；志愿服务能够保证青年志愿者更加注重历史和社会环境提供的条件，利用志愿服务的机会来建构生命的意义，实现自我的价值。

同时，青年服务是社会公共服务的重要组成部分。一方面，社会普遍性志愿服务可以在青年福利的两个部分，即资金与服务两个部分为儿童青年提供多元的福利支持，特别在福利服务方面能够成为补充制度化福利的重要力量；另一方面，通过青年志愿服务，在为社会公共服务做出力所能及贡献的同时，促进青年的全面健康成长，从根本上满足青年的多元福利需求，推动以青年为本的公共服务可持续发展。

五、需要层次理论

人本主义心理学家认为，人性的发展不是一个静止不变的固态状态，而是一个动态的过程，是一个人在成长过程中的存在。马斯洛（Abraham Harold Maslow）是美国社会心理学家，也是人本主义心理学的主要创始人，被誉为"人本主义心理学之父"。

需要层次理论将人类的需要分为两大类，一类是基本需要，是指个体不可缺少的普遍的生理和社会需要，他不是某一社会文化所特有的，而是人类共同具有的。另一类是成长需要，是指由个体自身的健康成长和自我实现趋向所激励的需要，是在低层次的基本需要得到满足后出现的高层次的心理需要，又称超越性需要。人类的需要呈现出一种等级次序，基本需要是低层次的需要，成长需要属于高层次的需要，个人在成长过程中，首先需要满足低层次的需要，其次才是高层次的需要。而高层次的需要的满足能够提高个人的幸福感，达到物质精神的统一。

到 20 世纪 50 年代，需要层次理论将人类两个层次的需要更具体的划分为七个层次，分别是生理需要、安全需要、归属和爱的需要、尊重的需要、知的需要、美的需要以及自我实现的需要。前四个层次可以看成是基本需要，后三个需要是成长的需要。到了 20 世纪 70 年代，又将后三个需要统归为自我实现的需要。

自我实现论是人本主义心理学的理论核心，自我实现有两层含义，一层是完满人性的实现，即人类共性的各种潜能，包括友爱、合作、求知、创造等，得到充分的发展；另一层是指个人潜能的实现，即除去共性之外，个人所特有的潜能的实现。这里的自我实现更多的是强调精神信念上的自我实现。

马斯洛将自我实现的人定义为："在他们的基本需要已得到适当的满足以后，又受到更高层级的动机——'超越性动机'的驱动。"① 志愿服务不以营利为目的，却能保持旺盛的生命力，在全球各地，所有人群中蓬勃发展，重要的原因是志愿服务追求的是一种精神上的满足，符合人们的自我实现的需要，人们通过志愿服务获得了助人悦己、贡献社会上的自我实现满足。

志愿服务是个体实现人生价值的重要途径。志愿服务"奉献、友爱、互助、进步"的精神是人生价值的一种重要体现，它是志愿者对于真善美的不懈追求，当青年人的内心世界日益丰富起来的时候，尤其是受过良好教育的那部分青年人，就可能有意识也有热情进入社会的公共领域，去寻找自身，发现自身，表现自身，证实自身。人们通过志愿服务积极地建构一个有意义的世界来证实自身的人生价值。志愿服务是个体实现社会价值的重要途径。社会个体是生活在社会中的个体，一个对社会有积极作用的个体才能实现其社会价值。志愿服务行为是社会成员在社会中价值体现的重要途径，志愿服务主要以社会弱势群体为服务目标，积极推动社会福利发展，缓解社会冲突，社会成员在志愿服务活动中实现其社会价值，这一过程不仅是对志愿者本人的一种再教育和自我实现过程，而且对于社会和他人而言也是一种自我实现的榜样力量。

六、服务学习理论

服务学习理论是青年志愿服务最为重要的理论基础，这一理论产生于 20 世纪 60 年代。实际上从人类诞生的第一天起，青年就通过参与社会服务来学

① ［美］马斯洛.马斯洛成功人格学［M］.叶昌德，译.长春：北方妇女儿童出版社，2004：33.

习社会规则，建立社会关系，并逐渐发展成为一种社会常态。追溯服务学习理论产生发展的历史，可以看到，从最早的 1862 年提出的实用性教育概念到 19 世纪末教育家杜威（John Dewey）提出的经验学习思想等，再到 20 世纪 80 年代在英美等西方国家浩大的教育改革运动，直到今天，服务学习已经成为教育的一种普遍性的理论和实践模式。

服务学习理论与实践的发展是时代发展的产物，是青年概念的社会含义越来越丰富、青年发展对于现实社会的稳定与未来发展影响越来越大的必然结果。学术界对于服务学习的阐释和界定层出不穷。其中美国全国和社区服务委员会将服务学习定义为一种经验教育，是学生通过积极参与由学校和社区合作精心组织的、符合社区实际需要的服务活动进行学习。

《服务—学习手册》一书中界定：服务学习是一种服务和学习关系并重的教学理念及教学方法，它将学生的课程（专业）学习与社会服务相结合，通过有计划的社会服务活动及结构化的反思过程，推动师生共同参与对知识的重构，在不断满足社区需求的同时，培养学生的社会责任感并促进学生综合能力的发展①。

可以说，所谓服务学习，从本质上说是一种向受教育者传授公民意识和责任、价值观和社会能力的教育模式和方法。它要求青年打破课堂的限制，在社会实践中主动学习；它以创造力为依托，鼓励青年对现实做出反思和行动。作为现代教育的一个重要理论，服务学习的理论基础在于以人为本、全面发展的人本思想体系，以"人们是现实的、从事活动的人们"②"改造客观世界，也改造自己的主观世界"③等唯物实践论的基本理论为认识论基础。

服务学习具有不同于传统课堂教育的突出的性质和特点。这种特点主要体现在三个方面：一是在基本特征和基本要素上，服务性和组织性是其必须遵循的基本原则。服务学习的直接目标是通过社会服务学习的体验，帮助青年学会建立更加和谐的社会关系，核心目标是使受教育者成为一个合格的社会人。二是在学习的基本内容上，公民意识和社会责任是其最基本的教育内容。强调提高学生参加国家公共事务的积极性，注重培养青年的公民意识和责任，包括树立公共意识、责任感，坚持社会正义的价值理念，养成道德行为习惯等。三是在学习方法上，服务学习被普遍认为是一种以服务为载体的体验式学习形式。

同时，服务学习在实施过程中必须突出几个基本要素：

---

① 向荣，董欣梅．服务—学习手册［M］．北京：中国社会出版社，2011：4.
② 本书编写组．德意志意识形态（节选本）［M］．北京：人民出版社，2018：7.
③ 毛泽东．毛泽东选集 第 1 卷［M］．北京：人民出版社，1991：296.

（1）参与。服务学习以社会服务为基本途径，参与是最基本的形式和要求，没有参与就没有学习；

（2）社区。社区是服务学习的主要实践场域，青年以社区服务为服务学习的基本方式，在社区这一个体与社会基础性联结的单元里进行服务实践，实现对社会的融入；

（3）体验。不是简单地把真理交给青年，而是引领青年通过自身对服务实践的体验去寻找真理，学习做人做事，把外化的道德价值、情感、行为通过体验内化，最终实现外化反馈，青年成为真正的学习主体；

（4）组织。服务学习是一种有组织的学习方式，其基本条件是让青年能够参与到有组织的公共服务中去。在服务学习项目中，学校、社区、学生等多方主体建立起互惠性的合作伙伴关系，签订合作协议，明确各方的权利和义务，共同承担责任，共享合作成果，实现优势互补。青年志愿服务是服务学习的最好形式，服务学习理论是指导青年服务的最重要的理论基础。

志愿服务的实践性、参与性、广泛性、灵活性等特征与服务学习的内在要求高度契合。而现代志愿服务的组织性，则是服务学习运行的基本结构和实现有效学习的基础。志愿服务作为人类社会的集体行动，其服务范围广、社会影响深、内容全面丰富、贴近百姓生活等特点，必然成为青年服务学习的有效途径。

七、社会学习理论

自我效能感是社会学习理论的一个重要概念。社会学习理论认为，当人们观察到越多的行为，做出越多的反应行为时，就会逐渐产生自我效能感。所谓自我效能感，指的是人们对于获得掌握某项活动的能力和信心。随着人们对于自身自我效能感的增强，他们对于生活中的其他事物的期望必然也随之增强，进而也就衍生出了效能期望。

志愿服务行为不是个体天然产生的行为，而是在成长过程中不断接受教化而产生的一种行为认同。例如某个社会个体经常听周边的同事朋友谈论参加志愿服务活动的经历和感受，那么他通常就会产生参加志愿服务活动的期望，也就是他的志愿服务效能期望。一旦他进入志愿服务行动的具体实践中，他与其他志愿者在志愿行动中产生互动强化这一效能感，更进一步加深他对志愿服务活动的认同度和信心。

对于社会个体来讲，通过参与志愿服务，有助于增强其集体主义和责任意识，培育现代公民。意识具有一定的规范功能，这里的规范功能指的是对人们思想和行动的指导和控制，实现在共同目标作用下行动的协调统一。志愿服务在本质上是一种公民精神的体现，是人类文明进步的重要标志之一，社会成员通过参与志愿服务，会接受志愿服务理念，唤醒内心的仁爱和慈善，增进个人的社会责任感和集体意识，同时也有助于推动其社会学习，实现其个人的人生价值，激发公民普遍的内在潜能。

第四节　志愿服务成为促进新时代青年发展的重要力量

一、志愿服务引导新时代青年形成正确的价值观

所谓青年发展，是指青年在生理、心理、社会与文化等方面所表现出来的演进过程、现状和特征，主要包括公民素养、身心健康、教育学习、就业创业、社会参与、维权及犯罪预防等方面。① 人的全面发展是马克思主义青年观的重要内容，我们的教育要培养德智体美全面发展的社会主义建设者和接班人。青年全面发展，不仅体现在知识学习上，更体现在奉献社会、服务他人、报效国家、坚守信仰的理想信念上，体现在自觉践行社会主义核心价值观的文化自觉和文化自信上。

通过参与志愿服务活动，青年志愿者在为社会做出贡献的同时，肯定自我价值，奉献能力增强自信、认识社会、体察民情、汲取正能量，加深了对党的路线方针、政策的理解，磨炼自己与社会需求相适应的意志品格、完善自己的心理定位，塑造人生正确的价值观，这是新时代对当代青年学子的时代要求。

正确且与时代同步的价值观念是青年全面发展的重要组成部分，但是，人的先进价值观念并非与生俱来，而是在参与社会和道德实践活动的过程中逐步形成和发展起来的。高校大学生参与志愿服务活动的过程，既是付出的过程，也是收获的过程，青年志愿者在为社会和他人付出智慧、精力和劳动的同时，锤炼了高尚的思想和品德，帮助自身提升了精神境界，心灵追求得到了升华，找到了人生的真正价值和意义。

二、志愿服务提升新时代青年的知识技能水平

志愿服务是青年学生学习知识、应用知识，理论结合实际，用学校所学服

---

① 毛立红. 志愿服务与青年发展：因果机制与推进措施［J］. 北京青年研究，2014（3）：82.

务社会，通过服务社会提升专业技能的重要渠道和有效方式。中国特色社会主义进如新时代，中国志愿服务事业也进入了新时代，新时代的志愿服务专业化发展趋势日益突出，需要志愿者掌握各种门类的专业知识和专业技能。专业的志愿服务需要专业的志愿者，在志愿服务实践中，志愿服务组织通常根据志愿服务的具体内容对志愿者进行有针对性的培训，大学生志愿者可以从各类培训中接受不同内容的专业知识技能，有利于不断完善和充实志愿者的知识储备，丰富其生活阅历和经验。

另一方面，志愿服务也为志愿者提供了理论知识的实践场所，志愿服务活动大大提高了志愿者专业技能的实践水平。通过参与志愿服务活动，青年学生在帮助他人、奉献社会的过程中，可以更好地促进自身专业知识与实践运用的有机结合，激发志愿者进一步学习新知识，应用新技能的兴趣和创新热情，促使志愿者提高自主学习和钻研技能的积极性和主动性。

三、志愿服务提升新时代青年的社会化水平

了解社会走进社会参与社会，乃至改造社会，是个体社会化的客观过程，也是青年成长成才的现实需要。志愿者在参与志愿服务的过程中，有机会接触到在校园中无法接触到的社会事务和领域，扩大了交往范围，拓宽了学习视野，促进了志愿者与被服务对象之间的相互交往与相互进步，使志愿者自身综合能力得到锻炼和成长，为以后融入社会解决将面临的更多问题做好了准备。

我国学生大都是从小学到大学"直线型"的成长模式，许多学子过度专注于书本学习，人生阅历简单，对社会的认知比较片面，"学校人"与"社会人"脱节的现象较为普遍。这种现状致使一些大学毕业生在走进社会之时往往抱着不切实际的期望，缺乏适应社会所需的技能、道德和素质等软硬实力，难以适应社会的要求。志愿服务活动则为当代大学生提供了一条深入接触社会、与社会提前进行"磨合"的重要途径。志愿者在志愿服务中与服务对象之间建立了双向的互动机制，使当代大学生在融入社会的过程中，能够正确认识社会、了解自身、准确定位，有效弥补了在校大学生人生阅历浅的短板。

四、志愿服务提升新时代青年的幸福指数

志愿服务的过程，就是志愿者以主体身份，在社会实践领域参与德育、自我陶冶的过程。志愿者凭借自身的知识能力，发挥自身的聪明才智，把自身融入志愿服务活动的各个领域，关心和帮助弱势群体，维护服务对象的基本权益，在缓解贫困、促进就业、改善教育状况等方面发挥了积极作用，自觉承担

起为人民服务的社会责任。在志愿服务的实践中，志愿者们也从奉献中获得了来自社会的认可和赞誉，自身与被服务对象之间获得互利双赢，在展现自身价值、获得自身成就的过程中，享受着志愿服务无私付出所带来的快乐。

"志愿者付出额外的时间，并不期望经济回报，其植根于道德的义理之中，他们也获得了神圣的自我形象和人格，以及某种他自以为有能力改变的浪漫抱负。"① 这段话形象精辟地告诉我们，志愿者通过提供志愿服务，既可以为他人、为社会带来帮助，同时也使自己获得了心灵上的快乐和道德上的满足。

五、志愿服务促进新时代青年的就业方式变革

志愿服务不仅是社会文明的体现，而且引起了现代就业方式的拓展、变化。历史上，公民就业集中在政府、企业（传统农村有农业）。如今，非营利部门和志愿团体的兴起，使就业渠道增加。社会的三大部门——政府、企业、非营利部门成为容纳就业的主要集道。中国青年志愿服务的兴起，也在探索青年就业的新途径。从本质上说，青年参与志愿服务，特别是大学生在校参与志愿服务或毕业初期参与志愿服务，都只能说是准就业、半就业方式。因为，在志愿服务过程中，或者没有经济补贴，或者有经济补贴也远远低于正式职业收入，一方面是仅仅保障基本生活需求，另一方面是弘扬奉献精神。所以，志愿服务是青年就业准备的状态。

（一）志愿服务改变青年的就业体验

参与志愿服务是进入社会的青年体验就业的途径之一。它与正式就业的区别在于经济收入的差异，但是工作的付出及感受是相同的，当然增加了奉献和服务精神体现的感受。大学生以往的就业方式主要是"毕业—就业"简单的两点一线式，而志愿服务西部计划则在两点之间加入了"志愿服务"。使之成为"毕业—志愿服务—就业（深造）"三点一线。这种做法与国外的公民服务相类似。

从就业准备的角度看，尚未正式就业的青年人，包括大学毕业生和其他人员，通过志愿服务的途径，进入准就业状态。首先是稳定生活情绪。从学校毕业或者从家庭出来，找不到工作，造成青年们的心理压力非常大。过去的生活可以依赖父母，如今的生活无可依赖。没有就业就没有生活能力，缺乏经济收

---

① 李亚平，于海. 第三域的兴起——西方志愿工作及志愿组织理论文选［M］. 上海：复旦大学出版社，1998：36.

入、住宿场所、工作群体，青年的心态会逐渐扭曲。提供志愿服务的准就业机会，让青年感受到被社会接纳、有生活能力，心理情绪得到稳定和健康发展。

其次是学习就业情景。虽然没有完全市场化就业，但是青年志愿者在提供服务时面临的问题需要自己努力解决，如满足服务地区、团体、对象的需求，缩小志愿者与对象的观念，行为差距等。处于半模拟状态的志愿者，不知不觉已经体验并开始学习就业情景，有利于未来正式面对就业竞争。

最后是培养就业特长。学校生活和家庭生活要求青年掌握的主要是知识，而就业谋生需要的是技能、经验。没有特长和经验的大学毕业生，或者求职遭受挫折，或者就业后面临困境。参与志愿服务，青年就可以在比较轻松自如的情景下学习技能、积累经验，为职业生涯奠定基础。

（二）志愿服务提高青年的社会资本价值

作为准就业状态的青年志愿服务，同时起到积累社会资本的作用。当代青年的发展，不仅需要知识、技能、经济的支持，而且需要社会资本的支持。专家分析，"社会资本代表了行为者通过在社会网络或者其他社会结构中的成员身份来确保收益的能力"[①]。青年参与志愿服务，建构社会网络，积累社会资本，为将来的就业和发展提供了条件。

1. 参与志愿服务提升了青年的自我形象

目前，在青年就业市场供大于求的情况下，对求职者特别是大学生求职者的形象要求越来越高。不单是外在形象，更重要的是内在素质体现出来的形象因素。因为数百万的大中专生、数百万的流动青年，造成就业市场人才济济而又良莠不分。这样，青年或者在读书期间参与校园志愿服务、社区志愿服务，或者刚毕业就参与"西部计划"志愿服务，都是属于弘扬"奉献、友爱、互助、进步"志愿精神的活动，受到社会各界的赞扬与尊重。参加过志愿服务的青年，给社会一种可信、可爱的形象，对于求职就业具有积极的影响。

2. 参与志愿服务扩大了青年的交往网络

中国作为重视关系的社会，社会关系、社会网络对于个人发展具有重要的影响。青年志愿者通过志愿社团成员交往、志愿社团与地方机构交往、志愿社团与服务对象交往的过程，建构起自己的关系网络。在校期间，学生的交往网络主要是与学习、活动有关；校外志愿服务的过程，与党政部门、社会机构、企业发生联系。各类企业和服务对象在交往过程发现志愿者的才能、特长，就逐渐愿意接受他们正式就业。

---

① 李惠斌，杨雪冬. 社会资本与社会发展 [M]. 北京：社会科学文献出版社，2000：126.

3. 参与志愿服务提高了青年的分析能力

青年志愿者不是被动地进行服务，而且是边服务、边观察、边思考、边记述。随着社会视野的扩大，社会阅历的不断丰富，志愿者在交往与合作中的分析判断能力越来越高，受到人们的重视。社会综合分析能力是个人的社会资本因素之一，它不仅有利于个人选择发展机遇，而且有利于为机构、团体、他人提供建议和意见。在志愿服务过程中，青年志愿者特别是大学生志愿者的思维优势、知识优势与实践认知、实际见识相结合，产生思想的飞跃。中国社会转型时期，就业压力越来越大。开展青年志愿服务，特别是在校大学生志愿服务和大学毕业生志愿服务，对于缓解就业压力、拓展就业渠道具有特别重要的意义。

第二章　志愿服务组织管理与项目管理研究

　　志愿服务组织是不以营利为目的的，从事公益性活动的组织，具有公益性、草根性、自治性和自愿性等一些特征。志愿服务组织作为一个实际存在的组织，必然涉及组织的管理问题。志愿服务组织管理是对志愿者、志愿服务活动及其组织的管理的一整套管理体系。本章对志愿服务组织管理与项目管理问题进行探究。

第一节　志愿服务组织管理研究

一、志愿者管理研究

（一）界定志愿者管理

　　志愿者管理是一个包含于人力资源管理的子系统，人力资源管理与志愿者管理是一种包容与从属的关系。人力资源管理指的是为实现组织的战略目标，组织利用现代科学技术和管理理论，不断地获得人力资源并进行整合、调控及开发，给予他们报偿并有效地开发和利用的管理活动。志愿者管理也是对人的管理，是为处理人与工作、人与人、人与组织的互动关系而采取的一系列管理活动。

　　志愿者管理与常规经济类组织的人力资源管理又有着不同之处。常规经济类组织的人力资源管理主要的管理对象是组织中的正式员工，而志愿者的行为是一种自觉自愿的行为，可以是正式组织中的正式成员或非正式成员，也可以是非正式组织中的成员，组织的约束力不强。

　　在此，可以把志愿者管理定义为：通过计划、组织、实施，对志愿者进行招募、培训、监督、评估、激励，使其志愿行为发挥最大化作用的过程。

（二）志愿者的管理过程

从空间结构上看，志愿者的管理过程应当包括以下几个环节：计划、招募、定位与培训、配置与协调、激励、监督与评估。

1. 志愿者的计划

志愿者计划是根据特定节事活动的整体规划，分析和预测节事活动对志愿者的需求和志愿者的供给情况，采取多种手段使志愿者资源与节事活动筹办需求相适应的综合性发展计划。计划的内容包括：目标体系和组织结构的确立以及服务岗位分析。

在目标体系的建立和实施方案的选择中，绝不能把志愿者视为节事活动的"配角"，认为他们是正式员工的"辅助人员"。目标体系既要符合节事活动的要求，适应社会的需求，还要反映志愿者个体的要求，防止过于注重志愿者的经济价值，而忽略了志愿者的个人需求，以及对社会价值的挖掘。在节事活动组织机构的确立中，要把志愿者已具有的一定需要进行专业化分类，并在此分类的基础上，明确志愿者在整个节事活动管理组织体系中的位置和隶属关系。节事活动服务岗位分析是志愿者招募的前提，节事活动服务岗位分析主要是估算节事活动所需志愿者的类型、数量及应具的条件。

2. 志愿者招募

志愿者的招募就是节事活动通过发布志愿者需求信息，按要求选拔录用合乎要求的志愿者活动过程。

志愿者招募首先要通过媒体，比如开新闻发布会，利用网络、电视、报纸等媒体向社会公布招募信息，其中包括：节事活动所需的志愿者的类型、数量、专业领域、招募的具体方法、时间安排、咨询事宜等。其次是选择适当的招募方式，由于我国大量的志愿者来源于隶属各级团组织青年志愿者协会，因此，可以通过团组织代为招募。当然，也可以通过节事活动的相关组织统一招募。一般的招募选择方式要经过以下过程：资格条件审查、笔试、面试等，以确保所招志愿者的素质。

3. 志愿者的培训

志愿者的培训就是通过对志愿者进行有关节事活动的相关知识和能力的培养，使其获得为节事活动服务所需的知识和技能的活动过程。

对志愿者的培训应当是在"求发展"的目标定位下，寻求多元化的志愿者个性化素质的培训，包括待人接物的礼仪和社会公众责任感的加强等，而最重要的是组织归属感的培养、注重精神层次的培养。岗前定位培训是通过多种方式使志愿者了解节事活动服务的政策、程序，以及可能面临的日常事务的处理，这样可以使志愿者尽快、尽可能多地了解节事活动，以适应节事活动的要求。此外，还要对其进行分类培训，这是根据志愿者所从事的具体服务工作的不同，而进行的不同内容的培训，但这不影响对全体志愿者进行必要的一般培训。节事活动培训的内容要注重相关基础知识与服务技能的培养。

志愿者服务水平的高低往往是评价一个节事活动成功与否的重要指标，而这与培训水平的高低紧密相关。

4. 志愿者的配置与协调

志愿者的配置与协调就是根据节事活动举办工作的需求以及志愿者的供给状况，将志愿者分配到各个岗位上，并随时根据节事活动的实际工作需要，对不同节事活动岗位的志愿者进行重新分配使用，以保证各项活动顺利开展的活动。

5. 志愿者的激励

志愿者的激励就是要设法让志愿者将个人需要与活动需要和社会需要联系在一起，使其处于一种互动状态。在这种状态下所付出的努力不仅可以满足志愿者的个人需要，同时也可以满足节事活动的需要，并实现节事活动的总体目标。

激励是贯穿志愿者管理过程始终的一个重要环节，某一活动的不可重复性与志愿者的随意性，更需管理者采取高效的激励方式来吸引和保留志愿者，以降低因人员流失带来的损失。志愿者所具有的不同于活动内部组织的形态与特征，决定了其激励机制的特殊性。

福利保障也是激励机制的组成部分。虽然志愿服务是一种无偿的服务活动，但必要的福利有助于保障志愿者的积极参与。节事活动出售的最重要的商品是服务，对于志愿者个人的福利主要包括津贴和实物等形式。由于志愿者的福利没有一个严格的标准和规定，一般以交通补贴、餐饮补贴为主。对志愿者的这种补贴也能够体现出节事活动组织对于志愿者服务工作的认可，也有利于调动志愿者参与的积极性，激发志愿者的创造性。西方国家对于志愿者的福利保障做得比较好，如法国规定志愿服务者均有一定的补贴，且高于服兵役者，其中包括住房和交通补贴。

根据激励理论，可以将志愿者的激励方式分为内在激励与外在激励。

内在激励源于志愿者因参与节事活动而产生的内在满足感，如公民的责任感、团队归属感、个人的种种精神需求，包括以志愿者身份为骄傲，为能够展示和实现自我价值而满足，对节事活动的意义的自觉认识等。外在激励则是志愿者因为提供志愿服务而受到表扬、嘉奖、宣传，如专用勋章、节事活动赞助商提供的物品、制服等。如 2008 年北京奥运会的志愿者计划明确指出：志愿者认证计划包括参与证书、专用徽章、开幕式预演的门票和一套志愿者制服。内、外激励之间具有较为复杂的交叉效应关系，外激励能够增进内激励，而志愿者活动又往往以内激励为主导。内、外激励相辅相成，共同促进志愿者以积极的心态为节事活动提供优良服务。激励志愿者应注意以下几个问题。

（1）从各个角度来激发志愿者的内在参与动机，当内在激励的成效降低时，良好的替代方法就是加强外在激励——物质刺激，如为志愿者提供节事活动纪念品、制服、进入某些会场的特权等。

（2）在管理的不同阶段采取不同的激励方式，例如在招募志愿者前，要激励人们对志愿活动的积极参与，而在节事活动期间，要激励志愿者充分发挥自身的主观能动性，使之从消极地表明"我仅仅是一名志愿者"提升为自豪地宣称"我是一名志愿者"等。

（3）多种激励方式相结合，如宏观激励与微观激励相结合，内在激励与外在激励相结合，形象激励与榜样激励、奖惩激励相结合等。

（4）给志愿者以主人翁的荣誉感。由于志愿者在中国是社会转型过程中出现的新事物，社会上许多人还不了解志愿者，也没有意识到志愿者对社会的巨大价值，便无从谈起对志愿者的尊重。许多节事活动组织的正式员工还认为志愿者就是免费的劳动力，随意分派一些杂活的现象时有发生。即使制订相应的培训计划和工作安排，也很少将每个志愿者的参与动机与个人兴趣考虑在内。由于他们将与正式员工一起为节事活动提供各种服务，对志愿者的荣誉感的激发不仅仅能调动志愿者的工作积极性，而且能协调工作中可能引发的与正式员工、组织者间的各种冲突，提高工作效率。

二、财务管理研究

（一）认识志愿服务组织的财务管理

财务管理是实现志愿服务组织可持续发展的必要条件。一种普遍的误解是：既然志愿服务组织是"非营利"，就不应该有盈利，所以财务管理很简单，无非是收入和支出的平衡而已。事实并非如此，和企业一样，如果志愿服务组织搞不好财务资产管理，就会发生危机。现实生活中许多志愿服务组织普遍存在着财务资产管理不善的问题。

志愿服务组织的财务管理，不仅有助于组织内部效率的提高和运作成本的降低，而且有助于其对外树立形象，提高组织的公信力，进而有助于组织的宗旨、任务和目标的实现。一个志愿服务组织的财务状况如何，反映着该组织及其工作人员的工作规范和作风。混乱的财务管理常常隐含着假公济私、滥用善款、贪污腐败等丑恶现象。出现腐败问题的组织最终也会受到社会的唾弃。一个好的财务资产管理系统，不仅能在制度层面上有效遏制腐败的发生，而且还能够保障项目所需资金的使用效率，使组织处于安全运作状态。

广义的财务管理包括三个层次，即会计、财务管理和财务预算。志愿服务组织的财务记录是会计活动的基本内容，组织一定要抓好日常的原始凭证做好日记账、过账和对账、结账工作。对于反映志愿服务组织财务状况、业务活动情况和现金流量等重要事项，坚持制作财务报告，以便内部管理者和外部相关者及时了解组织的运行状况和效率。通过会计日常记账及财务报告，使志愿服务组织的财务运作处于可控的、透明的状态。

狭义的财务管理是指根据财务资料、财务报告分析组织的经济行为并预测未来，包括成本分析、投资管理和财务分析三大环节，它们构成了广义志愿服务组织财务管理的核心。成本分析、投资管理和财务分析对于降低成本、增加收入、提高效率能起到实质性的促进作用。

财务预算勾画出的是组织未来的蓝图，通过预算的实施，使年度工作计划得到落实，使组织的目标得以逐步实现。然而，不少志愿服务组织未能对财务预算给予足够的重视，认为志愿服务的目的不是为了营利，只要搞好财务收支平衡就可以了。这种观念，极不利于志愿服务组织的财务稳定。

简言之，志愿服务组织接受来自社会的捐赠、政府的资金扶持，其财务资产状况应当对社会公开透明，也应当让管理者了解，以便能够及时调整组织的政策，确保组织的稳定和可持续发展。

（二）志愿服务组织财务管理的工作内容

志愿服务组织同时涉及财务往来、财务收支工作，而标准和规范的财务管理工作可支撑组织的健康稳步发展。志愿服务组织的财务管理工作应严格遵守相关法律法规、建立正规的管理体系并配置专业的专职财务管理人员。志愿服务组织的财务管理工作包括：

（1）拟订财务制度，接受财政、税务、审计机关的监督检查。

（2）建立内部财务管理体制，明确职责划分，严格遵守《中华人民共和国会计法》《社会团体登记管理条例》《基金会管理条例》《民办非企业单位登记管理暂行条例》《民间非营利组织会计制度》等国家法律法规。设立专门的财务管理机构或配备专职合格的财务人员，并明确财务岗位责任。

（3）履行财务管理职责，做好财务预算编制、执行、控制、分析考核和决算工作；建立健全内部流程制度，做好财务管理基础工作。

(三) 志愿服务组织财务管理的主要方面

志愿服务组织财务管理包括许多方面，笔者这里主要介绍一下三个方面。

1. 志愿服务组织的预算管理

预算是志愿服务组织财务管理的计划环节，通过预算给出的是一个组织发展的蓝图。然而，不少志愿服务组织没有对财务预算给予足够的重视，认为"只要搞好财务收支平衡就可以了"，这种观念对志愿服务组织的财务稳定十分不利。

预算是志愿服务组织根据组织的战略目标，对未来一段时间机构经营、资金的预测，是确保机构战略目标、计划能有效达成的管理工具。预算有四个基本功能：为组织将有限的资源进行合理分配打下基础，便于内部沟通；指明未来的筹资需求和时限；为管理者的决策提供依据；是评估项目绩效的基础。

制定财务预算的方法多种多样，志愿服务组织可以根据自身的情况选择一种或多种交叉方法制定预算，主要的预算管理方法包括：

(1) 递增预算法。在上一年度实际支出的基础上，考虑员工加薪、通货膨胀等因素的影响，结合新计划所需的资金，计算出下年度的预算。

(2) 项目预算法。将现有资源按比例分配于不同的项目，并将预算过程与评估过程紧密结合在一起，借以考核项目运作是否有效，并检查组织是否实现了其宗旨和目标。

(3) 零基预算法。每期的预算必须先归零，从零开始考虑预算的增减。

(4) 弹性预算法，把未来的收支预算值看成一个分布，准备若干个预算方案。

预算必须考虑项目的直接成本和间接成本，若有多个项目，间接成本可按照比例分摊下去。同时，也要考虑外部的经济环境的变化需求。

2. 志愿服务组织的决算管理

年度财务决算是年度会计期间公益项目的收入及成本、资产质量、财务效益等基本情况的综合反映，是全面了解和掌握志愿服务组织运营状况的重要手段。志愿服务组织的决算管理主要应注意以下事项：

(1) 严格按照国家有关财务会计制度规定，在进行财产清查、债权债务确认和资产质量核实的基础上，以年度发生的全部经济交易事项的会计账簿为基本依据，认真组织机构财务决算工作和报表编制，做到账表一致、账账一致、账证一致、账实一致。

(2) 严格按照《民间非营利组织会计制度》的规定编制财务报告，并接受独立会计师事务所的审计。

（3）机构年度财务报告对外披露须经理事会批准。志愿服务组织应建立定期财务信息披露制度，提供真实、及时、公允的财务会计信息。财务会计信启，是捐赠人、管理者和理事会等机构利益相关方了解机构资源状况、负债水平、资金使用情况及现金流量等信息的重要来源。财务信息披露是建立社会公信力的重要环节，其主要形式是财务会计报告。

3. 志愿服务组织的资产管理

财产和物资是资金的实物状态，包括固定资产、低值易耗品（捐赠物品根据其价值和用途分别建立相应的实物台账）等。财产和物资管理，要建立验收、发放、保管和检查制度，指定专人保管并建立账目和档案，做到账账相符，账物相符。志愿服务组织的资产可分为固定资产和流动资产两大类。

（1）固定资产

固定资产是指使用期限超过一年，建议单价在 2 000 元以上的房屋、设备、工具、器具等自用资产。固定资产的日常管理是指建立固定资产的保管、使用、内部转移、盘盈、盘亏、报废、清理盘点等内部管理制度。志愿服务组织应根据自用资产的性质和使用情况，合理确定资产的使用寿命和残值，按规定计提折旧，折旧方法一经确定，不得随意变更，并应严格执行固定资产管理办法。

（2）流动资产

流动资产包括现金、银行存款、应收及预付款项等。要严格执行现金管理办法、内部控制制度，确保办理货币资金业务的不相容岗位互相分离、制约和监督。对资金的使用情况，要进行定期和不定期检查，并进行应付及预收款项的对账和清理。

第二节 志愿服务项目管理

一、界定志愿服务项目与志愿服务项目管理

（一）界定志愿服务项目

志愿服务项目是指围绕着某项公益需求，在一定的时间、成本约束下，以某种方式把人财、物等社会资源组织起来而开展的临时性志愿服务。志愿服务

项目是志愿服务组织参与社会建设的重要载体。①

（二）界定志愿服务项目管理

志愿服务项目管理是指通过与利益相关方合作，将各种资源、知识、技能、工具等应用于项目活动中，以满足社会需求，达到公益和发展目标的过程。

笔者认为，所谓志愿服务项目管理是指这样一个系统过程：志愿服务组织为了实现其宗旨，通过项目申请的形式获取资金、人力等社会资源，优化配置所获得的资源，有效地组织、计划、控制项目的原作过程。

二、志愿服务项目管理产生的影响

（一）对个人的影响

（1）工作方向更明确。一个项目由策划、推进到具体执行，需要各个部门的协调和操作。在这个过程中，负责具体工作的人员可以清楚了解整个项目的意图和方向，避免出现偏差和错误。通过项目管理，志愿服务项目具体执行人员更清楚各自的职责所在，清楚自己需要做什么。

（2）沟通更为顺畅。通过有效的管理，建立沟通机制，整个项目的各个小组对彼此工作更了解，避免部门工作重复进行和归属不清等"工作真空"现象。

（3）协作能力得到加强。通过志愿服务项目管理对项目成员的责任进行合理地分配并清楚地说明，不同分工、不同环节的成员高效地相互协作，共同完善项目。

（二）对志愿服务组织的影响

（1）使项目的推进更有计划性。通过有效的前期调研和策划，项目在推进和执行过程中更有条理，各项工作有序进行，避免"各自为政"。

（2）降低项目执行的成本和风险。通过风险识别、量化、对策研究、反应控制等方法掌握项目成本和风险管理。面对客观条件和实际情况的变化，实时高效地对项目做出调整，解决问题，从而减少不必要的成本，降低项目失败的风险。

（3）加强组织的执行力和凝聚力。由于一个项目涉及不同部门和领域的

---

① 王忠平. 志愿服务管理理论与实务 [M]. 北京交通大学出版社，2015：74.

工作，加强志愿服务项目管理，可以使各个部门的分工合作更加紧密。

（三）对社会的影响

（1）更好地服务社会。由于可以对项目进行调研和评估，志愿服务组织执行一个项目比起开展一个单一活动，可以收到比预期更好的效果。

（2）节约社会成本。因为志愿服务组织的运作是非营利的，因此通过志愿服务项目管理可以有效地节约成本。

（3）形成社会效应。成功的项目管理会使一个项目形成品牌效应，这样不但可以使该项目达到预期目标，更能引起社会关注，形成良好的社会氛围。

三、志愿服务项目管理流程

（一）筹备阶段

一个完备的志愿服务项目，首先必须在筹备阶段就进行充分的项目调研、科学的项目设计和全面立体的项目宣传。

1. 项目调研

志愿服务项目首先要回答好"为什么"的问题。志愿服务作为一项公益性事业，社会需求是项目得以存在和发展的基础。几乎所有的志愿服务项目都始于经济社会生活中那些未被满足的社会需要，比如农村山区的贫困家庭子女失学问题、因自然灾害而导致人身伤亡和家庭财产损失的人们、生活需要照顾的残疾人和老人、农村进城务工人群的城市融入与公平劳动问题、留守儿童和老人问题等。因此，在立项之前，做一个全面、详尽的志愿服务项目调研是十分必要的。

项目调研是为确定志愿服务的目的、范围、资源配置、组织功能等而做的调查、分析和定义工作。志愿服务项目调研的过程就是将需求转化为服务目标的过程，它能够帮助志愿者组织明确"哪些人需要志愿服务""服务对象需要哪些志愿服务""对志愿者的基本要求是什么""需要多少名志愿者"等问题，这也是志愿服务项目管理中的一个关键过程。

2. 项目设计

（1）项目设计原则

志愿服务项目质量的高低，直接影响该项目承载的志愿服务质量的好坏，影响志愿服务项目是否能够达到预期目标、是否能够满足服务对象的需求。对于如何判断一个志愿服务项目的好坏，志愿者组织和服务对象有自己的评判标准，尽管评判标准五花八门，但在项目的设计过程中仍然需要遵循一些基本和最具有普遍性的原则和标准。

①实际原则

任何志愿者组织都是基于一定的志愿服务理念，在一定的社会志愿服务需求的推动下设立的，它们把服务对象的需求看作组织努力的方向。然而，大多数志愿者组织自从成立之日起，就在资源、财力和人力方面遭遇了种种困难，这些客观现实决定了志愿者组织提供服务的能力大小，也在一定程度上制约了它们拓展服务空间、提高服务水平的能力和可能性。因此，设计志愿服务项目必须充分考虑志愿者组织的能力，以及外来因素、当地及社会上的各种资源，包括物力和人力资源。只有根据项目本身、项目实施单位和项目目标群体的实际情况和特点出发，才能设计出成功的项目，才能更好地解决需要解决的问题。

②符合志愿服务对象要求原则

志愿服务项目是需求导向型的，就要求志愿者组织在设计具体的志愿服务项目时，必须事前对志愿服务这个市场和市场上的消费对象有整体的把握；与此同时，要想保证自己在市场上居于主导地位，志愿者组织还应该了解自己的竞争对手的动态，以便根据市场形势的变化随时做出调整，使自己的志愿服务项目时刻跟上志愿服务对象的需求变化；否则，项目就失去了立项意义。志愿者组织可以通过多种方式获得相关的信息，使自己对志愿服务领域有总体的把握和认识。比如，志愿者组织可以查阅大量的文献，密切关注志愿服务领域内的新闻、发展动态；也可以通过和其他志愿者组织的交流，掌握更多的信息和资料，达到把握志愿服务领域变化趋势的目的。

③效益原则

效益原则即投入小产出大、少花钱多办事原则。志愿服务项目大都是面向基层和弱势目标群体，项目的受益面很多，但是项目的投入额却很有限，因此要求项目管理人员坚持效益原则。

（2）撰写志愿服务项目书

在对项目进行可行性分析之后，对于可行的项目，需要拟定一份项目书。志愿服务项目书是根据志愿服务项目需求分析结果、进行志愿服务项目的规划设计，并按照一定的格式所编写的文本。它是志愿服务项目最重要的筹资工具，目的是让资助者清晰地知道筹资的意义。志愿服务项目书通常分为两个部分：一为项目的方案，包括项目目标、可行性分析，以及项目摘要；二为项目的执行计划，需要列出项目下一个阶段的任务，拟订一个暂时的阶段进度。建立志愿服务项目的工作分解结构，有助于全面地了解志愿服务项目所涉及的工作，进而确定工作内容。在这个大体框架下，志愿服务项目书应涵盖以下内容。

①项目概要：对项目做简单而清晰的介绍。

②社会需求：说明项目背景及项目关注的社会焦点问题。

③解决方案：概述解决问题的方案。

④组织和执行团队介绍：说明为什么本组织能够实施项目，以及组织的优势及可信度。

⑤项目目标：项目目标就是为解决上述问题，满足社会需求，在项目实施之后可预见的成果性目标。要求目标应具有可达成、清晰明了、时间性、可量化的特点。

⑥实现目标的具体活动及其产出。

⑦开展项目活动所需要的资源和财务预算。

⑧项目风险及其防范措施。

⑨项目监测与评估方案：说明如何证明项目是否成功，需要给出衡量成果性目标的指标体系及检验评估方法。

⑩项目的可持续发展计划：项目是长期性的，还是仅为短期或一次性的行为。

3. 项目宣传动员

志愿服务项目的实施前期一个重要的步骤就是宣传动员，宣传动员充分才能保证项目顺利完成。宣传动员的过程主要有四个方面：动员对象、场域、方式及阻碍。首先需要确定潜在动员对象，动员对象不仅限于人为资源，还包括依附于个体的各种社会身份、权力地位所能提供的物质、空间资源。其次是利于动员对象频繁互动与交换意见的场域空间，无论是线上动员还是线下宣传都需要在场域中进行。①

宣传动员是志愿者组织巧妙、明确地向动员客体表达动员意图的动员方式，因为不具强制性而易于被动对象接受。传统宣传动员使用的技术手段可大致分为：①大众传媒，包括电视、广播、报刊；②文化符号，常用的表现形式有口号、标语、Logo、服装等；③艺术作品，例如歌舞、海报、影视片等。

(二)　实施阶段

志愿服务项目的实施是外界关注的重点，它包括项目注册、项目运行两个环节。

1. 项目注册

志愿服务项目的顺利运行必须有志愿服务制度的保障。完善的注册制度有

---

① 李佳. 互联网背景下志愿服务的动员方式与其影响因素研究［D］. 济南：山东大学，2017.

利于增强志愿者队伍管理的可行性。

注册制度主要包括以志愿者为主体的个人注册、以志愿服务团体为主体的组织注册和以志愿服务项目为主体的项目注册，分别从打造人才队伍、构建管理体系、发布实施平台的方式，保证志愿服务项目的可持续性运行。具体体现在以下三个方面：第一，鼓励志愿者全员进行志愿者身份的个人注册，经注册的志愿者可以参与通过信息化平台发布的各项志愿服务活动，记录志愿服务时长，以此作为参与凭证。同时，有些志愿者注册平台例，如"志愿北京"平台能为使用实名注册志愿者提供人身保险，为志愿服务项目的运行又增添了一层保障。第二，健全志愿服务组织注册制度。形式上，不同的志愿服务组织应具有区别性的名称、标志、旗帜、服装等。内容上，必须细化志愿服务组织的负责人、核心部门、特色活动，理清所辖志愿者身份信息，志愿者数量，活动开展情况。通过注册，各志愿服务组织目标更明确，专业更显著，从而减少活动交叉，扩大参与面。[①] 第三，志愿服务项目注册制度的完善。志愿服务项目通过在统一平台注册，可以向该平台所有注册志愿者发布项目，招募更多的志愿者参与到该项目中，同时也可以申请为参与该项目的所有注册志愿者提供时长记录等，进一步保障志愿者权利，保证志愿服务项目的可持续发展。

2. 项目运行

这一阶段是项目管理中最为实质的过程，也是项目得以实现的过程。在这一阶段，志愿服务项目管理团队需要采取多种行动来执行项目管理计划，完成项目规定的各种任务。

在项目运行阶段，项目管理者需要做到三个明确，即：

第一，明确志愿服务项目的目标和宗旨。志愿服务的公益性，决定了志愿服务项目追求社会效益的目标取向，但是不同的志愿服务项目之间也存在具体目标与宗旨的差异性。

第二，明确志愿服务项目的范围和管理体系。明确范围是项目立项的基础，也是项目规划阶段的第一步，项目范围的大小决定了项目实施的社会影响力、所需要的社会资源需要招募的志愿者数量及组织体系的大小等。此外，要实现志愿服务项目既定目标，就必须有有效的项目管理体系。完整、有效的项目管理体系，一方面可以赋予志愿服务项目实施的平台，另一方面也可以通过组织整合社会资源。志愿服务项目的管理体系要根据项目范围的大小来制定，包括项目管理的层级、分支机构及需要设立的工作组等。

第三，明确志愿服务项目的可交付成果。一个志愿服务项目在开始筹划设

---

① 任文珺．高校志愿者队伍建设及其制度化管理［J］．文教资料，2017（28）：92-93.

计的时候，就应该是带着目标进行的，即通过进行什么样的过程得到什么样的结果，这个结果是以什么样的形式呈现出来，这个结果是为了完成项目必须做出的、可测量的、有形的及可以验证的任何成果、结果或事项。

（三）总结阶段

1. 项目评估

项目评估是项目管理的关键环节，对志愿服务项目活动在特定的时间范围内是否按照预期计划进行而实施的动态监督与静态总结考评。志愿服务项目评估的最终目的在于通过了解项目的运作情况或者取得的效果，不断加强志愿服务项目的规范性建设，全面提高志愿服务项目的绩效水平和社会影响力。

根据具体志愿服务项目的活动流程，志愿服务项目的评估可分为计划评估、执行评估和结果评估三个方面。

（1）计划评估

志愿服务项目的计划评估主要是对某个志愿服务项目的可行性进行评估，考虑分析志愿服务项目开展的目的、目标、过程中的问题等。可以从以下几个方面进行评估。

①项目策划评估

项目策划评估包括：所设计的项目是否有清晰的项目目标，项目是否与组织关注方向一致，项目是否拥有志愿者容易参与、愿意参与的活动，项目设计描述是否清楚，项目是否具备较强的可操作性，项目预算方案是否科学、合理，等等。

②项目投入评估

对于志愿服务项目而言，通常有两个评估点：志愿者数量和活动经费。显然，充足的志愿者后备资源和经费保障，对志愿服务项目的顺利开展具有极其重要的作用。

③服务对象评估

服务对象评估应突出志愿服务项目的落地性，表现在两方面：一是项目要具有明确的服务对象，二是对服务对象有清晰的了解，只有这样才能保证项目目标与服务对象的需求有较高的匹配度，才能对服务对象需求产生及时回应。

（2）执行评估

志愿服务项目的执行评估，是指从志愿服务项目立项起，一直到志愿服务项目完成为止，在这段时间里围绕该项目所做的各种活动的评估。执行评估贯穿于整个志愿服务项目的始终，是对志愿服务活动的阶段性评估，起到随时监督、调整志愿服务活动和志愿者行为的作用。执行评估基本上可从以下四个方面展开。

①活动过程评估

活动过程评估可以设置以下四个基本评估点：一是项目管理是否科学，志愿者是否明白自己的岗位及职责。二是活动是否灵活，志愿者和目标服务对象的参与情况如何，志愿者是否得到服务对象的认同；志愿者是否得到有效督导，志愿者的个人技能在活动中是否得到了充分发挥。三是活动现场时间控制和气氛控制如何，是否严格按照项目方案开展服务。四是对于可能的风险，是否有应急方案等。

②活动记录评估

在志愿服务项目活动过程中和活动结束后，应该对志愿者的工作情况进行详细记录，以备后查。对活动记录的评估主要集中在两个方面：一是有无正式的志愿服务记录，以及服务记录是否完整、准确；二是对项目执行情况及活动过程中的突发事件是否备案，以便为下次活动提供借鉴和参考。

（3）结果评估

当志愿服务项目结束（目标实现、终止或中止）后，就要对志愿服务项目的目标完成度、项目影响力、项目创新性和可持续性进行总结性的评估。志愿服务项目的结果评估包括对志愿服务项目目标实现情况进行核实、对服务对象直接收益和利益相关方综合收益进行分析评价，以及对志愿服务项目的创新性和可持续性进行反思等。

①目标完成度评估

该项评估重点是考量项目目标实现程度。评估时，可以将预设目标与实施服务的实际结果进行比较，来确定项目是否按原计划如期完成，以及项目预期目标是否达成。

②项目影响力评估

志愿服务项目执行后会产生什么影响？这是项目发起人最应该关心的问题。项目影响力包括对志愿者组织、对志愿者本人、对服务对象和对社会所产生的影响，以此说明志愿服务项目启动前后所发生的变化。

③项目创新性和可持续性评估

项目的创新性是指项目在服务内容、运营模式、参与机制等方面有创新突破，甚至能够在运作过程中产生衍生性的新项目、新岗位，贴合需求，具有较强的可行性与有效性。项目的可持续性则是指项目完成后，该项目的积极结果的持久性和发展前景。例如，能够保持志愿者一直参与；当资助款减少或者撤出时，项目还能够继续运作，甚至推广深化；项目具有标准化流程，易于复制推广。

2. 项目记录

（1）记录的必要性

在志愿服务项目实施过程中，项目负责人需要对照项目管理计划和项目实施标准来监测和评估正在进行的各个阶段的项目活动，及时纠正有损项目目标的偏差，确保目标实现。在志愿服务项目的整个运行过程中，需要项目的管理者对这个过程的情况进行记录，一方面将这个记录与原计划数据进行比对，确保项目顺利进行，另一方面可以将这些数据作为以后开展项目的参考。

（2）记录的过程

对项目的记录过程主要可通过以下方式进行。

①项目监测

对志愿服务项目实施情况进行动态监测的目的就是为项目组织提供项目进展过程中的连续性信息，通过定期而有效的监测，监督和控制项目实施进程，以适应外界环境的变化，保证项目目标的实现。在志愿服务项目中的监测，重点关注项目的限制因素：成本、时间。事实上，监测的主要工作就是信息收集。信息收集的方法很多，包括问卷调查、访谈、文献分析、观察、焦点小组、案例研究学习日志/志愿者日志等。

②项目修正

项目修正是指在项目进行过程中，根据动态监测报告，对项目进程中的偏差做出动态的调整，以适应项目环境变化、相关方多元需求变化的过程。在志愿服务项目执行过程中，变化经常发生，这既包括来自外部的变化，比如高层管理、股东和政府的强制命令，也包括来自项目内部的变化，比如志愿者退出、服务对象需求变化。不管原因如何，项目负责人都需要应对这些变化。事实上，项目控制的一个关键方面就是如何管理项目变化。

修正措施主要有修正项目管理组织和修正志愿服务方式两种。

③进度控制

按照设定的项目进度，对照项目实施的各个阶段，通过比对来识别、修正项目进度，确保项目按照设定的进度达到设定的目标。

④成本控制

任何项目的管理都需要考虑成本，在志愿服务项目管理过程中，需要定期比较实际的成本费用与项目的经费计划，对经费的用途及具体的花费做严格的控制，以保证整个志愿服务项目管理经费计划顺利完成。

3. 项目成果转化

志愿服务项目要按照"成果理论化、机制科学化、项目固定化、队伍长期化"的要求，加强志愿服务项目的成果转化。加强理论成果研究，在项目运行的相关工作基础上，总结项目运行的模式以及创新之处，促进"志愿者理论""志愿服务项目理论"全面转化和升华，同时可以邀请专家组对项目进行相关理论研究，争取形成对今后开展类似工作具有指导性、借鉴性意义的理论成果。加强核心团队建设，志愿者骨干是志愿服务事业得以发展的核心，利用志愿服务项目形成的团队建设基础，最大程度团结凝聚志愿服务骨干人员和队伍，为志愿服务组织及志愿服务事业的长远发展保留社会志愿者团体骨干，促进志愿服务事业和共青团事业长远发展。

总之，从志愿服务项目的前期筹备，到中期实施，再到后期运行，志愿服务项目管理过程形成了一个科学的良性循环。但是，完成了志愿服务项目管理的这三个阶段，并不意味着项目的终结，志愿者组织应该及时总结经验教训，对于志愿服务项目进行高标准、严要求，不断将我国的志愿项目发展推向新高度。

第三节　详探北京奥运会观众服务志愿项目管理

一、观众服务志愿者的管理特征与过程分析

（一）观众服务志愿者的管理特征分析

1. 志愿者与服务系统之间的分离性

在社区服务、特殊人群帮扶、专业咨询支持等方面的志愿服务中，具有相应资质的志愿者只要投入自己的时间、精力、技能和劳动即能实现高水平的服务，所需要的仅仅是一定的信息和技能培训。可以说，志愿者个人一经确定，就自然成为服务安排的承载者，志愿者与服务系统具有天然的内在统一性。

重要体育赛事与活动的志愿服务却不具备这种内在统一性。正如奥运会一样，大型赛事与活动的组织筹备工作会提前数年开始准备。从出入管理、安全保卫，到交通车辆安排、餐饮服务，再到体育比赛日程安排、观众坐席区域划分等，数十个业务领域，成百上千项服务工作之间密切关联、环环相扣，又自成体系。而志愿者群体却要到临近赛事或活动开始前才上岗工作。在初始状态下，志愿者与整个服务系统是分离的、相互独立的，无论他们的工作经历和背景如何，这些志愿者都不会自动成为整个服务系统的组成部分。只有在二者之间成功地实现融合，才能确保志愿者的活动和行为契合服务系统的总体要

求，才能确保志愿者的使用与管理方案成功融入整个服务系统。观众服务志愿者项目的实践表明，培训是建立二者内在统一性的关键，科学合理的志愿者使用和管理方案则能够推动志愿者与服务系统之间整合、融合的实现。

2. 激励成为志愿者使用和管理的重中之重

特殊群体帮扶、宣传倡导等方面的志愿服务，具有持续时间长、活动频率固定、活动内容单一等特点，需要志愿者在较长时间内定期投入时间和精力参与。在初期志愿服务热情消退后，由于个人工作生活限制、交通不便、兴趣减弱等多方面原因，很多志愿者都不能长期坚持下去，志愿者流失问题严重。与这一情况不同，重要体育赛事及活动的志愿服务通常集中在较短时间内进行。以奥运会为例，各场馆通用志愿者从赛前上岗到工作完成通常集中在 3~4 周，专业志愿者的服务时间一般也不会超过 6 周。此外，参与重大国际赛事及活动对于志愿者而言是一次宝贵的人生经历，无论是赛事及活动本身，还是参与活动的各类群体，都会对志愿者产生吸引力，从而刺激并鼓励他们在短期内坚持服务。因此，只要志愿者已上岗工作，除非由于健康原因，通常不会出现志愿者因个人服务意愿改变而大批量流失的问题。而人员流失的主要时间集中在招募确认后至上岗工作前。

短时间内集中开展，为重要体育赛事及活动的志愿服务带来高强度的劳动和巨大的工作压力，这是社区志愿服务和特殊人群帮扶服务所无法比拟的。高劳动强度带来的身心压力，与服务对象沟通互动的不顺或受挫，很容易使志愿者的服务热情受到打击，不仅会引发志愿者的抱怨与不满情绪，而且会降低志愿者的服务耐心与主动性，严重影响整体服务水平。因此，在重要体育赛事及活动的志愿者使用和管理中，人员激励成为重中之重。实质上，在所有的志愿服务项目中，能否获得高水平的志愿者满意度，直接决定了志愿服务的最终水平，决定了服务对象的满意程度。

3. 短时间内大规模志愿者团队组建

与其他类型志愿服务持续时间长、参与人员数量有限、工作时间分散等特点相比，重要体育赛事及活动需要在短时间内聚集大量志愿人员同时开展工作。

其一，要求计划周密、执行高效。志愿者到岗伊始，要在最短的时间内完成制服证件分发、人员分组、培训训练等各方面准备工作，必须确保各项工作紧密衔接、组织有序，避免现场人多混乱、众多志愿者无所适从或长时间等候等情况的发生。

其二，要求志愿者之间协调一致、密切配合。大型赛事及活动组织运行工作的复杂性，决定了我们必须依靠团队合力才能完成服务工作。无论志愿者被安排在哪个业务部门、哪个岗位、哪个工作地点，都应该像一台巨大机器上的一颗颗螺丝钉一样，遵照统一的规则和要求，形成合力，共同带动整个机器的运转。这些统一的规则和要求，包括服务规范、时间流程、管理制度、行为要求、常见问题处理等各方面的规范、制度与安排。

其三，要求整个团队信息传递顺畅、指挥管理有力。新组建的志愿者团队人数众多，对赛事活动安排、工作环境及组织要求不熟悉，虽然没有时间与工作人员和业务部门进行充分磨合，也必须确保有力的指挥管理和信息的上传下达。观众服务志愿者项目实践表明，在时间有限、工作任务重的情况下，要实现数量众多志愿者思想统一、行动统一、服从指挥，一要靠高效的培训传达要求、建立思想共识，二要靠明确的制度规范志愿者行动，三要靠鲜明的组织文化激励和振奋志愿精神。

(二) 观众服务志愿者的管理过程分析

总体来说，观众服务志愿者的管理过程主要包括志愿者需求计划、招募与选拔、团队建设与培训、志愿者使用与管理。

1. 志愿者需求计划

志愿者需求计划是观众服务志愿者管理的起点，也是观众服务项目赛前筹备工作的重点内容。志愿者需求计划的最终成果是各场馆观众服务志愿者需求总量。这一数量对观众服务的赛前筹备工作非常重要，尤其体现在志愿者培训计划、运行保障计划等方面。

志愿者需求计划全过程可以划分为四个步骤。

第一步：志愿者岗位设置计划，即决定观众服务业务口要设置哪些志愿者岗位，实质上是将观众服务项目所承担的全部职责任务分解落实到各个岗位。从观众服务项目的实践看，志愿者岗位设置中有三个关键问题：第一，哪些岗位由志愿者充任，哪些岗位由付薪工作人员充任。由于志愿服务的志愿性、无偿性、公益性特点，志愿者工作同时也就有了"免责性"，因此风险大、责任重的某些岗位并不适合志愿者承担。第二，如何在不同志愿者岗位之间划分职责任务，结合志愿者的上岗时间、培训安排、使用管理，考虑怎样设置岗位、划分职责最具合理性和有效性。第三，最初设置岗位时，项目总体方案还未完善，必然会出现调整变化，这就要求岗位设置计划随时根据项目计划的完善而进行调整。

第二步：志愿者组织管理计划，即考虑如何将各岗位志愿者最有效率地组织起来，以实现整个志愿者队伍信息传递通畅，行动反应迅速。在这方面，北京奥运会观众服务团队在吸收往届成功经验的基础上，采用"班、排、连"

式的组织机构设置主管和助理分管运行与团队的方法，取得了比较好的效果。

第三步：制定人员点计划标准。这项工作的目的，既是为了给各场馆观众服务团队提供人员需求计划的依据，也是为了进一步检查观众服务志愿者岗位设置是否合理、服务安排是否合理。在制定人员点计划标准时，不仅要明确配备志愿者的数量、岗位位置，还要明确与人员数量预测相关的使用政策，包括每日或每周工作时间政策、轮岗休息与用餐政策等。

第四步：全面开展各场馆人员点计划工作，最终汇总形成观众服务志愿者总体需求。在20多个场馆同时开展人员点计划之前，全面深入的培训是确保计划工作高质量、有成效的关键，也能确保所有计划严格遵循同一标准进行。

2. 招募与选拔

在北京奥运会的实践中，馆校对接机制的建立大大减轻了志愿者招募与选拔工作的压力；工作量巨大的招募动员、宣传推广、组织报名、初步资格审查等工作都由对接高校承担，甚至志愿者面试考核的组织实施工作也在各场馆团队的统一协调下，由对接高校承担。场馆团队内各业务口只需要提供岗位需求、派人进行面试考核、确定录用人员并配岗即可以。

志愿者招募与选拔的过程包括三个环节。

第一步：招募准备。包括建立素质模型、明确招募需求、细化招募条件、明确人员来源、组织招募报名、制定选拔方案。

第二步：面试选拔。包括人员面试考核、展示团队形象、传递团队文化、多种方式考核、评估适合岗位。

第三步：确定人选并配岗。确定录用人选、分配工作岗位、反馈录用情况、通知后续安排、问题答复。

3. 团队建设与培训

在观众服务的实践中，培训不仅仅是志愿者能力素质提高的需要，更是计划向现实转化的唯一途径，是加强团队建设的重要途径。在奥运会正式上岗之前，观众服务团队与志愿者之间的接触是非常有限的，主要集中在培训与测试赛期间，因此需要充分利用培训的机会，加强沟通、建立信任、传递团队理念。

观众服务志愿者团队建设与培训工作主要可以划分为五个步骤。这五个步骤彼此之间的逻辑关系，主要是根据培训规划与设计方面的经验与技术确定的。

第一步：明确培训需求。包括培训对象、培训目标、培训需求、限制条件、可用资源。

第二步：搜集培训内容。包括服务标准、服务流程、行为规范、常见问题、服务理念等。

第三步：培训课程规划。包括课程大纲、培训要点、培训方法、材料需求、培训要求。

第四步：培训准备。编写教材、准备课件、培训师资、场地准备、评估准备。

第五步：培训组织实施。包括学员通知、现场准备、培训师投课、培训支持、培训反馈。

4. 志愿者使用与管理

根据观众服务奥运会筹备工作实践，笔者认为，观众服务志愿者的使用与管理是由岗位服务管理、保障与激励、志愿者团队建设三个方面共同构成的。这三方面内容都以"观众满意"为核心和最终目标，以"志愿者满意"为直接目标和必经途径，彼此之间的关系既相对独立，又相互作用和影响。

第一，志愿者岗位工作管理。包括岗位设置、行为规范、培训辅导、及时支持、监督检查、评估反馈等。

第二，激励与保障。包括工作基本保障，岗位必备资源，配套支持服务，体现尊重关怀、及时、认真工作，有效激励活动等等。

第三，志愿者团队建设。包括组织机构建设、团队文化建设、团队理念传递、团队氛围营造、团队风气树立等。

三、观众服务志愿者的服务质量管理

（一）理论依据

服务质量是服务管理的核心，也是实现顾客满意的根本前提。服务质量是由服务的技术质量、职能质量、形象质量和真实瞬间构成的，主要包括以下理论观点。

第一，技术质量是指服务过程的产出，即顾客从服务过程中所得到的东西。例如宾馆为旅客休息提供的房间和床位，饭店为顾客提供的菜肴和饮料，航空公司为旅客提供的飞机和舱位等。对于技术质量，顾客容易感知，也便于评价。

第二，职能质量是指在服务推广的过程中，服务人员在履行职责时的行为、态度、穿着、仪表等给顾客带来的利益和享受，这完全取决于顾客的主观感受，难以进行客观的评价。形象质量是指企业在社会公众心目中形成的总体印象，包括企业的整体形象和企业所在地区的形象两个层次。企业形象通过视觉识别、理念识别、行为识别等系统多层次地体现，顾客可从企业的资源、组

织结构、市场运作、企业行为方式等多个侧面认识企业形象。技术质量与职能质量构成了感知服务质量的基本内容。

第三，企业形象质量是顾客感知服务质量的过滤器。如果企业拥有良好的形象质量，些许的失误会获得顾客的谅解；如果失误频繁发生，则必然会破坏企业形象；倘若企业形象不佳，则企业任何细微的失误都会给顾客造成很坏的印象。

第四，真实瞬间是服务过程中顾客与企业进行服务接触的过程。这个过程是一个特定的时间和地点，这是企业向顾客展示自己服务质量的时机。真实瞬间是服务质量展示的有限时机。一旦时机过去，服务交易结束，企业也就无法改变顾客对服务质量的感知；如果在这一瞬间服务质量出了问题，企业也无法补救。真实瞬间是服务质量构成的特殊因素，这是有形产品质量所不包含的因素。

志愿服务项目运作管理水平的提升，必然以服务质量的提升为前提。上述关于企业服务质量的研究成果同样适用于志愿服务领域。真实瞬间理论的提出与分析，更是为观众服务项目提供了宝贵启示。

（二）管理策略

从观众服务的运作管理实践可知，观众服务的质量管理策略主要包括以下内容。

第一，从服务产品本身入手的质量管理措施，即通过总体目标体系、服务标准、服务流程规范等，尽可能细化服务的环节，使服务产品质量有据可依、有标准可以遵循。

第二，从服务人员入手的质量管理措施。与有形产品大机器批量生产不同，服务只能由性格特点、经验背景、能力素质不同的服务人员来提供。要实现服务的标准化，就必须克服服务人员自身特点的差异性带来的服务差异性。为此，观众服务部门投入了大量的时间、人力和物力对服务人员进行培训，目的就是统一志愿者的服务行为与服务理念，使他们对于不同情境中的服务要求、服务规范、服务方式、现场问题处理等做到心中有明确标准、行动符合统一标准，从而使服务效果保持在相对稳定的水平上。

第三，从工作环境管理入手的质量管理策略。除主观意愿和自身条件外，客观环境也会对服务人员产生显著影响，如工作压力大、身体不适或因挫折而产生情绪问题等，进而影响服务质量的稳定性。为此，观众服务团队对志愿者经历的全过程进行详尽分析，从中找出天气、岗位特点、服务保障等方面的具体影响因素，提前做出相应安排。例如，对于露天工作岗位，为避免长时间曝晒而降低该岗位工作人员的服务水平，观众服务核心计划团队采取配备遮阳伞、安排充分人手轮岗等措施，尽可能降低环境对服务质量的负面影响。

第四，减少服务过程的可变性。顾客的差异性与参与性，使服务提供者必然会根据顾客需求与自身特点主动调整服务的内容与方式。如何确保这些调整变化符合一定的标准和原则，也是观众服务质量管理要解决的问题。观众服务团队针对每一个岗位制定了常见问题解决规范，并对 150 余种赛时突发事件进行分类，规定不同类型事件的处理原则，尽可能避免志愿者根据自己的理解、判断各行是而导致服务质量差异显著。

第五，确保协作部门服务的行为稳定性。观众服务工作需要与十余个业务部门紧密配合，任何一个部门的变化都会给观众服务运行带来连锁反应，要确保标准化的实现，不仅要规范观众服务工作，还要规范相关部门的行为。观众服务部门在奥运会筹备期间，在这方面做出了大量的努力，包括合作关系、协作方式的共同反复研讨，开展双方现场服务人员的联合演练等，以统一双方的认识与行动。

第三章 大学生志愿服务理论与管理研究

　　新时代大学生更应该注重发扬志愿服务精神，成为有强烈主人翁意识和社会责任感的合格接班人。参与志愿服务能让大学生实现实践操作能力、沟通交流能力和团结合作能力的提升。参与志愿服务还能让大学生实现社会价值。大学生志愿服务彰显青春活力、乐于奉献的新时代文明形象，是弘扬中华民族几千年形成的传统美德的重要途径。大学生志愿服务是助力中国梦实现的重要途径，也有利于发挥社会正能量的集聚效应，让全社会形成更多人乐于参与志愿服务的良好风气。

第一节 大学生志愿服务的种类与特征

一、大学生志愿服务的种类

（一）国家服务类

　　国家服务是指国家根据自身的实际情况，制订相应的志愿服务规划，实现对弱势人群的帮助。一般的服务对象是贫困地区的家庭、空巢老人、幼儿等，主要通过西部计划、海外帮助等形式来完成志愿项目。

　　1. 扶贫帮困服务

　　1996 年，共青团中央与教育部、卫生部、农业部、人事部等部门合作，提出了扶贫规划，加强对青年志愿者资源的利用，为贫困地区进行志愿者服务，如基础教育、医疗卫生服务和农业科技方面的指导服务。如今，学校每年都组织大学生去贫困地区进行社会实践，以期大学生能充分发挥自身的能力，将自身学到的理论知识运用到实践中。

2. 西部计划志愿服务

我国西部经济发展与社会发展需要大量的资源。为了发挥大学生对西部地区的帮助作用，使大学生的就业机会得到扩展，21世纪初，我国提出了大学生志愿服务西部计划。为了提高大学生志愿者的志愿服务热情与积极性，政府会在其就业方面给予一定的支持，大学生志愿者可选择自主创业或者在基层工作。自从西部计划实施以来，西部地区的文化水平与经济水平都显著上升，我国大学生的能力也得到了锻炼，就业机会不断扩展，推动了较多领域的发展与进步，使得我国的经济与人力方面都得到了提升。

3. 海外志愿服务类

在21世纪初，我国青年志愿者协会制订了关于海外志愿服务的计划，并将其作为长期的项目实施。我国根据海外国家的实际需求，与海外国家制订有关的合作计划，通过对选拔的大学生进行相关技术和能力的培训，使大学生志愿者拥有更强的能力，有效提升自己的服务水平。

（二）社区服务类

社区服务指的是志愿者通过对自身时间、能力、资源的利用，对社区做出的、能推动社会发展的志愿行为。社区服务主要分为两种：一种为和谐社区建设，另一种为文明共建。

1. 和谐社区建设服务

1994年，我国开始了对青年志愿者社区规划的建设。在这一年，青年志愿者对弱势群体进行了一对一的帮助，其中弱势群体一般指孤寡老人、留守儿童等。如今我国已经有成千上万个社区服务站，这些服务站与我国青年志愿者形成了一个较大的志愿服务体系。大学生对社区志愿活动的参与，不仅推动了社区的和谐发展，还使志愿服务精神能够在社区得以弘扬，使得人们的道德修养得到提升。

2. 文明共建服务

大学生志愿服务与我国精神文明建设有着较为密切的关系。大学生通过对社会资源的利用，能够推动社会文明的建设。在大学中，大学生志愿者可以将文明与自身相联系，进而促进自身文明道德修养的提升；而在社区当中，大学生志愿者可以通过发挥自身作用，对现代的科技文明与理论知识进行宣传，促进社区居民文化与文明素养的提升，推动我国精神文明建设的顺利进行。①

---

① 戴彩虹. 新时期大学生志愿服务研究 [M]. 北京：地质出版社，2019：46-53.

（三）公益服务类

公益服务是指志愿者通过自身能力的付出，推动公益事业发展、社会进步的行为。而公益服务一般分为两种方式：一种为环境保护，另一种为大型活动的公益服务。此外，应急志愿服务也是一种重要的公益服务。

1. 环境保护服务

环境保护是我国发展中必须重视的一个环节。从 20 世纪末开始，共青团中央与有关部门共同组织了青年志愿者对母亲河的保护规划。我国环境科学的有关部门在 2003 年开展了对农村环保科普活动，目的是让群众拥有绿色理念，能够主动地参与环境保护，进而实现我国的可持续发展，推动我国环境问题的改善。

2007 年，我国环境科学学会与北京高校合作，共同发起了对环保知识的科普行动，建立的科普队伍共三百支，人数更是多达三千名。大学生志愿者在环境保护上的志愿行动，不仅使得环境得到改善，还使得学生实践能力得到发展，使得学生对基层、对社会的服务热情越来越高涨。

2. 大型活动志愿服务

举行国际上的大型活动，能够被世界认可，而大学生志愿者在其中发挥着不可替代的作用，即大学生能充分利用自身的长处，将自身的能力充分地发挥到国际大型活动之中。为了使大学生得到锻炼，与社会进行深层次的接触，提升大学生的实践能力与服务社会的意识，各个高校对大型活动都会输出志愿者。在大型活动中，大学生志愿者用自己的行动向国际友人展示了我国大学生良好的文明道德修养，展示了我国的志愿服务精神。

二、大学生志愿服务的特征

（一）志愿性特征

志愿服务必须是个人自愿参加的。这个自愿是主动的而不是被动的，是自觉的而不是被迫的。相关组织可以通过各种方式动员志愿者，但应该让每个志愿者都在没有任何压力的情况下自愿投入志愿服务。强制参与、强制"奉献"、募集摊派或变相摊派、对志愿者进行单位化管理等，都不符合志愿服务活动的志愿性原则。可以想象，如果志愿服务不是每个人都自愿参加的，而是在某些组织或个人的强迫和压力下参加的，其社会意义就会大打折扣。被迫参与到志愿服务之中的人员不是真正意义上的志愿者，他们即使参加了志愿服务活动，也很难持续发挥积极的作用。①

（二）无偿性特征

无偿性是指志愿服务属于无偿行为。志愿服务的提供者从事志愿服务行为，不得向志愿服务对象收取或者变相收取报酬，包括金钱、物质交换或礼物馈赠等形式。但是，志愿服务组织为志愿者提供交通补贴和午餐补贴等并不影响志愿服务的无偿性。

（三）公益性特征

公益性是指志愿服务必须指向公共利益。根据志愿服务的公益性，营利行为不属于志愿服务，偶发的帮助行为、基于家庭或友谊的帮助行为、仅仅针对特定个人的帮助行为和互益互助的行为也不属于志愿服务。

对服务活动的组织者来说，志愿服务不应该被用来达到公益服务以外的目标，如经济目标，否则就会损害志愿服务者的动机。

对志愿服务者而言，在提供志愿服务时应该始终坚持以利他和公益为基本目标，不能私自进行工作计划以外的服务内容。例如，志愿者不得向服务对象做宗教传道的工作，不得在活动时间内宣传与公益活动无关的事物。

（四）组织性特征

仅凭孤立的热情、爱心、体力，我们往往无法回应复杂的社会需求。志愿服务具有组织性，可以采取社会团体、社会服务机构、基金会等组织形式开展志愿服务，可反映行业诉求，推动行业交流，促进志愿服务事业发展。

志愿服务组织的不断涌现对促进志愿服务活动广泛开展，推进精神文明建设、推动社会治理创新、维护社会和谐稳定发挥了重要作用。志愿服务组织已经成为现代社会从事志愿服务最重要的主体。

（五）教育性特征

大学生志愿服务对于大学生自身的思想道德修养而言，是一个教育的过程。大学生在进行志愿服务的过程中，能够更深层次地与社会接触，为自身积累社会经验。同时，还能够使自身道德修养得到提升，树立起正确的三观。

---

① 袁国，徐颖，张功．新时代劳动教育教程［M］．北京：航空工业出版社，2020：155-156.

（六）创造性特征

我国如今经济发展水平不断提升，国际化的交流与合作日益密切，因此大学生志愿服务要结合自身的实际情况，积极吸收国际上的突破性的经验，使得志愿服务能创新化、改革化。只有对志愿服务进行创新，我国志愿服务的水平才会不断提升，发挥自身在精神文明建设中的作用，才能使服务内容日趋丰富，领域不断扩展。

第二节　大学生志愿服务项目管理

一、大学生志愿服务项目管理的内涵

项目作为一个专业术语，有其确切的科学定义。基于对项目的不同理解，许多组织和个人都给其下过定义。项目是一个特殊的将被完成的有限任务。它是在一定时间内，满足一系列特定目标的多项相关工作的总称。由这个定义我们可以看出，项目主要包含以下四个含义：（1）项目是一项有待完成的任务，这个任务是一次性的；（2）项目完成有特定的时间、环境和项目要求；（3）项目需要利用有限的人力、物力、财力等资源；（4）项目所要达成的任务要符合一定质量、数量、进度等技术指标要求。

项目化管理，简而言之就是"对项目进行的管理"。确切地说，项目化管理是"以项目为对象的系统管理，通过一个临时性的专门的柔性组织，应用项目管理的理念、技术、方法和工具，为项目目标的实现对项目进行高效率的计划、组织、指导和控制，以实现项目全过程的动态管理、综合协调及优化。"

二、大学生志愿服务项目管理体系要素

（一）高校内的组织

高校"志愿服务"项目，一般是由高校内的各级团委以及社团组织牵头进行，该类组织具有一定的稳定性，同时为大学生开展志愿服务提供了保障和支持。此类共青团组织一般采用自上而下的模式号召并实施，发展延续至今的

高校共青团组织管理下的各类志愿服务活动所涉及的大学生人数较广，功能较为健全，机构相对完整。然而，自上而下的运行模式也容易导致部分服务项目流于形式，难以调动志愿者在工作中的主观能动性，由上级组织提出、下级组织落实的志愿活动中在相互协调与沟通环节缺乏。此外，高校组织部门对志愿活动所产生的社会效益的忽视，也是导致志愿服务本身所产生的有利社会影响的较少，从而形成服务供求关系的不对等，对服务项目的长期发展产生一定的负面作用。

（二）大学生

高校志愿项目的主要组成以及提供志愿服务这一行为的主体是在校大学生，随着千禧年之后出身的"00后"大学生步入校园，该青年群体呈现了积极向上、健康活力的整体态势，他们政治立场坚定，爱党爱国，价值观多元化，思想独立，个性突出。但与此同时，在新媒体时代的影响下，高校大学生更容易受到网络媒体带来的冲击和煽动，情绪化、碎片化、需求的多变以及易变也使得高校志愿服务项目的不稳定因素增加。

（三）被服务的对象

被服务对象，是指志愿者为社会治理和社会所需提供服务的个人或单位。所涉及的范围通常深入到街道、社区、学校、农村、厂矿，在教育、科技、文化、卫生、体育、环境等领域，既包含了专业性较强的支教、心理辅导、翻译、科技扶贫等内容，又有专业性较弱的赛事后勤保障、秩序维护、交通指引等内容，而服务对象的反馈和评价不仅有利于志愿项目的及时调整，也可以作为志愿工作的一个考核依据，还有利于增强高校大学生志愿者的获得感和成就感。

（四）项目统筹建设

高校志愿服务项目包括前期策划筹备、中期实施调整，以及后期的评价反馈系列环节，具体涉及招募、培训、评估、激励制度等操作层面，其中包括志愿项目组织者的管理水平，服务对象的特性，服务内容的要求与志愿者本身所具备的能力是否能满足工作要求以及志愿者对项目选择的倾向性。完整志愿项目应该是在志愿服务前期具备明确的工作职责，对服务对象的充分调研分析，并了解服务程序规范，对风险预防进行管理，掌握服务方法和技巧以便对能力匹配志愿者的招募选拔，并确保从组织者到志愿者层面对服务知识、技能、服务内容要求的掌握。在服务过程中对志愿者专业的发展以及管理者组织水平的提高培训应该贯穿始终，在项目后期及时的总结并从各方给予反馈沟通，以保持项目的持续化进程。

三、大学生志愿服务项目选择和设计原则

（一）适合大学生知识与能力水平

大学生的知识和能力有限，引导他们参与志愿服务，要选择他们力所能及的工作和任务。如团市委结合北京市工作实际，提倡围绕环境保护、健康卫生、文化教育、大型赛会、交通治安、扶贫助困、应急服务等领域开发公益实践项目。这些领域中都有适合大学生参与的内容，但学校在具体项目的选择和设计时要充分考虑学生的特点，避免选择那些带有一定危险性或者是需要较强专业知识和技能的项目。

（二）按照服务学习的理念进行志愿服务设计

大学生的志愿服务不应只是为社会或他人提供服务和帮助，而应按照服务学习的理念，将学生的服务与学习过程进行一体化设计。在志愿服务项目实施的过程中，要注意引导学生通过培训学习、实践体验、总结交流等活动不断反思和完善，促进学生在参与服务的过程中积累实践经验，实现自我提升，助人自助，综合发展和提高。

（三）需要符合服务对象的实际需求

在进行大学生志愿服务项目设计时，要充分考虑服务对象的实际需求，避免"为服务而服务"的现象，导致志愿服务流于形式，这样不仅不能真正解决问题，还会给服务对象增添很多麻烦和困扰。例如，在重阳节，学生们扎堆跑到敬老院给老人洗脚，但在平时却很少关注这些老年人实际生活及心理需要。因此，学校在进行项目选择和设计时，要通过观察和调查充分了解服务对象的实际需求，做到志愿服务的内容和形式与服务对象的需求相一致。

四、大学生志愿服务项目管理实施步骤

（一）申报项目

在大学生志愿服务项目管理中，学生们既可以根据自己的兴趣爱好来选定项目主题，也可以根据学校团委已经确定的项目主题来设计项目内容和实施方

案。在这个过程中，学校团委或指导教师只承担指导者、咨询者的角色，而不是把某个项目安排强加给志愿者团体。指导教师在学生项目申报过程中承担的角色是：对学生选定的主题进行甄选和评估，包括选定的项目是否具有一定的可行性、实践性以及学生是否有能力把该项目顺利实施和完成。项目确定后，志愿者服务团队要进行项目设计，包括项目主题、项目实施意义、项目实施步骤，项目可行性、创新性、社会效益分析等内容。通过项目申报和教师指导，学生可以进一步理清思路，明确项目内容和目标，为项目的顺利实施和完成奠定良好基础。

（二）审批确立项目

项目申报完成后，学校团委应邀请专家组成评审团对项目策划书进行审核，项目负责人参与答辩，项目评估专家需要对项目实施价值、可行性、创新性、资金预算等方面进行综合考评，最终确定立项项目。未通过审批的项目，申报团体可根据项目评审团给予的指导意见，对项目申报书进行修改和调整进行二次申报，若仍未通过，则不予立项。

（三）检查追踪

项目的执行作为大学生志愿服务项目化管理的主要部分，体现着学生大部分的智慧和能力，同时也会提升学生的综合能力。各项目负责人会根据立项时提交的项目计划书开展工作，学校团委将根据项目计划书中项目各阶段的完成情况予以监督，了解各项目进程并提出指导意见，并对项目运作过程中遇到的特殊困难给予指导和帮助。

（四）检验评价

项目评价是大学生志愿服务活动项目化管理与传统管理方式的一个重要区别之处。在大学生志愿服务项目执行完毕后，各项目负责人需要上交项目总结报告，由学校团委负责教师审核。学生在项目运作中的表现、项目进度安排、项目成果展示等都可作为最后结项的成绩标准。

五、大学生志愿服务项目开发的途径

（一）开发校园内志愿服务项目

培养学生的服务意识可以让他们从参与学校公共事务的管理和服务开始，在学校或班级内设立志愿服务岗，引导学生利用课余时间结合学校、教师、其他同学的实际需求提供恰当的服务。如维护校园秩序、开展校园安全宣传、保护校园环境、为师生学习和生活提供便利、在学校专用教室和场馆提供服务、在学校各种大型活动中担任志愿者等。①

（二）开发社区志愿服务项目

学校可以与周边的街道或社区居委会合作，针对社区管理和社区居民，尤其是社区中的老人、弱势群体等的实际需求，开发大学生能够参与的社区志愿服务项目。例如，学生可以参与社区亲情陪伴、牵挂问询、科普宣传、安全巡查、家园卫士、生活援助、义务劳动、环境保护、清除小广告等社区志愿服务活动。

（三）开发社会公共服务项目

在开发大学生志愿服务项目时，学校还可以引导学生走进社会，到社会公益机构开展志愿服务。例如，引导学生走进福利院、敬老院、红十字会等慈善机构，为那些需要帮助的人提供服务；引导学生走进图书馆、博物馆、公园等社会文化机构，进行志愿讲解、文化传播、图书整理、公园导览、维持秩序、图书导读等志愿服务活动。

（四）与社会公益组织合作开发项目

目前，我国有很多社会公益组织，他们组织实施了各种类型的志愿服务项目，其中有不少项目是适合大学生开展的。因此，学校也要对此多加关注，及时了解相关信息，从中选择合适的项目和岗位，引导学生参与公益慈善组织开展的志愿服务活动。

大学生志愿服务以学校组织开展为主，学校要重视适合学生的志愿服务项目的开发，提供多样化、充足的志愿服务岗位，促进大学生志愿服务开展得更加深入和卓有成效。

六、大学生志愿服务项目管理的意义

1. 科学遴选项目，优化资源配置。大学生志愿服务活动的形成，首要任务是项目的申报。项目申报可以发动学生广泛参与、集思广益，这是一个多中挑好、好中择优的过程。在众多参报项目中，学校组织部门会依据学校的总体活动规划，选取能够实现效用最大化的项目进行立项。这样的遴选模式有三大

---

① 梁烜. 中小学生志愿服务项目的选择与设计［J］. 北京教育（普教版），2016（9）：34.

优势：一是依据项目的统一标准进行考评立项，达到了公平公正的目的；二是有利于促进不同志愿服务团队间的竞争和合作；三是有利于进行人力、财力、物力等有限资源的管理及调配。通过这样的筛选模式，不仅能使学校以有限的资源挖掘和培养好的项目和团队，也能保证立项的志愿服务活动符合学生和社会需求，达到预想的活动效果。

2. 引入竞争机制，提升活动质量。对大学生志愿服务活动实行项目化管理，可以是各个志愿服务团队根据自己的活动特色进行项目申报，也可以是根据学校组织部门确定的一个服务项目进行项目竞标。无论哪一种项目申报形式，最终选取的项目都是经过层层筛选后才立项的，充分体现了市场化的竞争机制。这样以志愿服务活动项目为立项方式，对申报团队和个人提出了更高的要求，他们要想在众多相似或相同类型的志愿服务项目中表现出自己的特色和优势，不仅要对自己申报的项目开展广泛的调查研究，准备充足的论证材料，还要在可行性、创新性、实用性等方面优于他人。最终获选的大学生志愿服务团队，其团队成员的能力、素质各方面必然是能够支撑其完成整个活动项目的，加之项目化管理过程中严格的监督机制，便可以保证活动的顺利完成。好的项目加之优秀的团队，必然能够提升大学生志愿服务活动的水平和质量，促进大学生志愿服务活动健康发展。

3. 强化学生主体地位，实现三自教育。以往传统的大学生志愿服务管理模式，学校行政组织干涉较多，有太多的条条框框限制，不同程度影响了志愿者参与的积极性。大学生志愿服务项目化管理的申报程序是以学生为主、由下而上的进行，有更多发挥个性和创造力的空间。在项目执行过程中，学生也扮演着主要角色。这就使得大学生在参与志愿者服务的过程中可以充分发挥积极性、创造性，增强学生的责任感和主人翁意识，将"要我做"变成"我要做"，学生主体地位得到强化。大学生志愿服务活动项目化管理的实施，淡化了行政组织行为，强化了大学生的自我管理、自我教育和自我实现，给学生更多发挥个性和创造力的空间，尊重并增强了学生在大学生志愿服务活动中的主体地位。

七、大学生志愿服务项目管理的策略

（一）学生志愿服务要坚持党组织的指导

组织的力量是温暖的，这种温暖在于其强大的人力、物力，为志愿者营造了一个更大平台和发挥空间。学校组织要经常性向党组织寻求指导和支持，特别在志愿服务系列活动、评先评优等重大事项上，都必须请示党委意见。志愿

服务队伍主力军是党员和团员，其高度的责任意识和工作热情，是开展志愿服务的宝贵资源。①

（二）建立志愿服务项目管理机制

可以建立培训和活动积分制度，通过计算参与志愿培训和活动的小时数，并在每年特定时间增加"志愿服务先进个人"的荣誉评选。为确保志愿服务水平的提升，每年都组织举办志愿者培训班，特别在新人报到后，对这批志愿服务新力军都必须提前给予适当的引导，使志愿力量环环相扣。按区域成立服务分队，完成"旗帜、着装、标识"的统一，管理更加成熟，迎来了更具意义的成长蜕变。

高校志愿者、学校志愿活动组织方以及被服务对象、项目运行建设的各个环节所组成的高校志愿服务项目要确保各个要素之间信息的反馈沟通顺畅，不仅要重视志愿服务组织、志愿服务对象对服务质量的考评，也要重视志愿者对组织者的管理水平、对被服务对象的服务感受、以及整个项目运作能力的反馈。

完善的组织结构、制度体系不仅是为高校志愿者提供保障的基础，也是项目稳定性、持续性发展的前提。首先要明确岗位职责，主要包括工作岗位的明确说明，各方要素的权责明晰，上岗志愿者具备的基本资质以及具体的工作流程，服务时长等；其次要遵守公平公正的原则健全考核激励机制。应以鼓励为主、重点突出的原则激励全体志愿者并遴选表现突出者挖掘先进个人与案例以形成典型示范。考核标准应提前告知，考核结果应该及时告知，考核过程应贯穿始终，激励机制应以学生参与主体动机为基础，激励机制的构建应该多样化、多层次、满足学生志愿者的需要。②

（三）拓宽志愿服务活动宣传渠道

利用多种媒体做好活动宣传，在媒体平台及时上传活动报道，积极向本地媒体投稿，扩大活动宣传范围和力度。拍摄制作志愿服务宣传片，丰富宣传形式。积极挖掘志愿服务的先进集体和个人，推报评先选优，树立典型，以榜样带动提升志愿服务更大的影响力。

---

① 罗毅莹.志愿服务"项目化"管理的实践与探索［J］.企业文化，2018（33）.
② 陈静.高校志愿服务项目体系研究［J］.区域治理，2022（13）.

（四）精准定位，促进社会服务供需一致

高校志愿组织应坚持以社会公共需求为导向，充分调研项目痛点，以解决问题的方式提供服务，对接定位服务对象和内容的准确与评估大学生所具备的能力以及培养目标相结合，联动高校专业课教师，并充分利用学校资源为社会所需提供志愿服务。

（五）建立思想政治教育志愿档案，丰富创新志愿活动内容

高校志愿服务项目其中一个侧重点，在于培养德智体美劳全面发展的社会主义接班人。大学生在志愿活动过程中的社会责任感、创新意识、实践能力等品质需要得以体现并强化，与其他项目相比高校志愿服务项目具备较强的育人属性。因此制定包含大学生志愿服务动机、行为意愿、心理状态以及效果变化等思想政治志愿档案以及追踪变化能较为客观的反映志愿服务活动的思政教育效果，显示大学生品格素质、价值取向、能力提升、知识提升以及个人成长成才通过志愿服务过程的影响效果。此外，要紧跟时代主题，紧贴当代大学生特征，以此丰富创新志愿活动内容，激发学生的主动性、创造性、积极性，开展生动的志愿活动有利于项目的品牌打造。

1. 重视大学生志愿者志愿服务的培训工作，提高大学生志愿者整体素质及服务水平

一支良好的志愿者队伍需要大学生志愿者具有较好的素质和参与社会志愿服务的水平。青年志愿者组织要重视大学生志愿者的相关培训工作，做到普及性培训与针对性培训的点面结合，充分发挥培训带来的显著作用。普及性的培训一般包括志愿服务的内涵、意义，志愿精神，志愿者的权利义务等方面，针对性的培训需要根据每个志愿服务项目的不同，提前学习与本项目相关的基础知识、基本操作规范等方面的内容，以确保志愿服务工作的顺利开展。

2. 重视大学生志愿者志愿服务的激励机制，强化大学生志愿社会服务的动机

从目前调查的情况来看，大学生志愿者中的大多数人都认为获得经济上回报不是他们参与志愿社会服务的目的。但激励机制作为一种对志愿者参加活动后的褒奖，它体现了志愿者组织对志愿者付出服务的一种认可和肯定。因此，我们可以从个人激励和团队激励两个方面，制定一些激励的措施。一方面可以吸引更多的学生加入到志愿者队伍中来，并强化他们持续参加志愿服务活动的意愿。另一方面，可以鼓励更多的志愿者组织设计出更好的项目以吸引更多的志愿者加入，在团队服务的过程中发挥每个志愿者个体的潜能，实现共同的集

体荣誉感和成就感。①

3. 重视大学生志愿者组织的自身建设，建设一支可持续发展的大学生志愿服务团队

高校要建设一直可持续发展的志愿者队伍离不开志愿者组织发挥的重要作用，志愿者组织在日常的组织管理工作中要重视志愿活动过程中的每一个环节，包括管理制度的合法合理性、管理行为的规范有序性、评价体系的客观科学性，以做到严谨的对待每一志愿服务活动。

总之，高校的志愿者活动有利于弘扬社会主义核心价值观，有利于建设和谐社会的目标，也有利于大学生的自我发展，为了确保我院大学生志愿者团队健康稳定的发展，需要我们不断研究工作中出现的新情况新问题，及时调整、完善各项管理制度和方法。

八、大学生志愿服务项目管理实施注意事项

1. 建立健全大学生志愿服务项目化管理的有关制度。项目化管理是一种目标化管理方式，从项目筛选到项目完成有一套详细的考评体系，对项目进行高效率的计划、组织、指导和控制，确保项目的正常开展和顺利完成。项目化管理对于大学生而言，是一种新的管理方式，也是高校一项新的工作。高校团委部门要结合学校自身特色和项目化管理的优势，在项目申报、立项、实施和评估等诸方面建立制度并严格执行。在实施过程中，如果发现问题，要及时修订和完善，使大学生志愿服务活动项目化管理规范化、制度化、本土化。

2. 充分发挥大学生在项目化管理过程中的主体地位。作为高校志愿服务活动的负责部门或指导教师，要充分意识到大学生志愿者在项目化管理中的重要地位。在大学生志愿服务活动项目化管理过程中，高校团委的领导作用主要体现在政治思想的引领上，是为了确保志愿服务方向的准确性；指导教师的指导作用主要体现在提供咨询服务上，为大学生志愿者答疑解惑；大学生志愿者是项目化管理运作的主体。我们要充分重视大学生的主体性地位，坚持"团委领导、教师指导、学生自主"的原则，在项目申报、立项、执行和评价的过程中，给予学生充分的发挥潜力的空间，激发他们投入志愿活动的热情，培养他们协同合作的能力，让其在实践中不断成长。同时，在项目化管理过程中，为了把志愿活动做成"精品"项目，起到积极的引领和导向作用，也需要对项目的负责人进行管理和培训，使大学生志愿者具有"真才实学"，即使

---

① 钱晓蓉. 大学生参与志愿社会服务活动项目化管理的调查与分析研究［J］. 佳木斯职业学院学报，2017（4）：195-196.

以后走出校门，也有能力做好志愿者服务工作。①

3. 大学生志愿服务活动的评价结果要公平公正。大学生志愿服务活动的水平和成效如何，最终还是要依靠上级组织给予界定和评价。这不仅需要一套科学的评价指标体系，更重要的是在评价的过程中要坚持公平公正的原则，因为大学生志愿服务活动最终的评价结果是具有导向作用的。因此，在志愿活动的结果评价中，为了确保公开、公平、公正，一要有量化的指标作为参考，二要有经验丰富的专家参评，三要发动广大学生参与。这样不仅能够使结果可靠，也能够使评价过程成为教育过程。此外，对于评估的结果要有具体的奖惩措施，获得优秀的项目要给予一定物质或荣誉奖励，没有完成任务的项目团队要上交情况说明，详细分析未完成的原因，总结经验教训，提出改进措施。

第三节　大学生志愿服务活动制度化建设

一、大学生志愿服务面临的问题

（一）大学生参与志愿服务活动的比例不高，活动类型单一

目前高校志愿服务活动存在的一个突出问题是大学生参与率不高。大部分大学生只有在迎接新生、校运动会等大型活动时才参加志愿服务活动，极少数学生只有在志愿者日等节日参加，个别学生经常参与学院的志愿服务活动。学习任务、兴趣和活动形式是影响大学生参与志愿服务的重要原因。由于高校志愿服务参与机制不完善，服务类型不丰富，服务时间不机动大大限制了志愿者参与的选择性和自由度。因此加强动员，拓宽志愿服务类型努力使更多学生参与到志愿服务中来是一项重要任务。

（二）大学生变动大，管理队伍不稳定

大学生学业繁重、就业压力大，在大一、大二期间能经常参与志愿活动，但是大三开始就全身心投入到考研、实习等工作中去，培养的学生骨干迅速流失。这说明活动中对大学生志愿服务精神和信念的培养严中不足，管理者把更

---

① 聂邦军，周士荣. 大学生志愿服务活动项目化管理研究与实践 [J]. 教育教学论坛，2015（48）：15-16.

多的精力放在活动的组织和策划上却忽视了志愿服务的核心价值与意义。学校的志愿服务工作主要由一线政工具体指导，但是政工队伍不稳定，经常被抽调到别的岗位。管理人员的频繁变动给学院乃至学校的志愿服务带来不利影响。

（三）学生志愿活动有明显的行政色彩

受管理体制的影响，高校志愿服务组织、活动常带有行政色彩，这使得志愿组织独立性不足，志愿活动形式单一，志愿者被动参与积极性不高。虽然行政推动在志愿服务的起步阶段能起到较大的促进作用，但是过多的行政干预容易使志愿活动形式化、运动化，伤害大学生参与志愿服务的自觉性和积极性。因此志愿服务的去行政化是一个值得深入探讨的问题。

二、大学生志愿服务活动的构建

（一）培养学生的志愿服务精神

志愿服务的精神概括起来是：奉献、友爱、互助、进步，这是志愿服务事业蓬勃发展的生命力所在。志愿精神的核心是服务、团结的理想和共同使这个世界变得更加美好的信念。从一定意义上讲，精神和信念对于行为的保持和促进具有重要的功能。在高校工作中我们会发现志愿活动在志愿者服务日前后比较密集但是在其他时间难以常态化运行；许多大学生把志愿服务当作一种无偿提供劳动力的过程。正是这些组织方式和认知的偏差使志愿服务精神没有转化为当代大学生参加志愿活服务活动的动力。大力培养在校大学生的志愿精神和信念能够渗透到学生的心灵深处，内化成人的品格、理念，促使志愿服务成为一种自觉行为。①

志愿者服务是以自愿为前提的，所以如果要持续有效开展志愿服务活动，就要大力弘扬志愿服务精神，倡导"奉献、友爱、互助、进步"的志愿精神，形成"我为人人、人人为我"的良好社会道德风尚和志愿服务环境。一是向学生传递"助人自助"的社会价值理念，在志愿服务活动中关心帮助他人，为社会做贡献，并从中收获友情、尊重、肯定，发现自我的价值，同时通过这样的过程让自己的综合素质得到提高，享受帮助他人的乐趣。二是将培养大学生的志愿服务精神纳入到课堂教育之中，把志愿服务活动与课程实践相结合，教育引导学生自觉参与到志愿服务活动中去。三是借助新媒体的宣传，做好校

---

① 鲍春. 大学生志愿服务长效机制研究［J］. 齐齐哈尔大学学报（哲学社会科学版），2015（3）：170-171.

园媒体权威信息的发布，将典型的志愿者个人和志愿服务活动进行多方面宣传，积极地向广大学生传递志愿文化，营造良好的舆论氛围。由此吸引和引导更多的大学生参与志愿服务，更热情地投入到志愿服务中。

（二）完善志愿组织的规章制度

近年，我国志愿服务组织数量迅速增加，志愿服务组织在服务社会、增进和谐方面发挥了积极的作用，但是志愿服务组织普遍存在管理不规范，缺乏可操作性等问题。高校志愿服务组织主要以各级青年志愿者协会的形式存在，其中依托于学院建立的青年志愿者协会是高校志愿服务组织的骨干力量。通过观察学院青年志愿者协会的工作情况我们发现高校志愿服务组织存在行政色彩过于浓厚、管理和评价不到位、志愿者招募过于随意等问题。笔者总结了管理办法，有四个核心：1. 建立了一套符合学院实际情况的志愿者招募、注册、服务、管理、评价机制；2. 明确组织构架、划分责任和权力；3. 明确服务对象，确定组织使命打造志愿服务品牌；4. 分类管理，增强服务的针对性和专业性。通过这些规章制度加强志愿组织的建设，不断提升管理水平和服务能力。

（三）实现志愿服务的规范化和专业化

高校青年志愿者人员流动快，学生毕业后都需要新的志愿者加入到团队中。新招募的志愿者刚刚步入大学校园，有的只是一腔热情，没有突出的服务技能，因此在高校中对志愿者的培训尤为重要。学校可以通过体验、观摩、理论学习、技能培训等方式让他们感受志愿服务的内容、意义，掌握自己喜欢的服务技能。志愿者的文化素质、道德素质、专业技能通过培训得到全面提升后才能为社会提供正规、专业的志愿服务。

当前高校志愿者招募主要是依托学生会、社团或者协会的学生自治组织，在招募的过程中主要是由学生干部对报名的学生进行面试考核。负责面试考核的学生干部不能通过一两次的相互接触、沟通，就能把志愿服务精神和应该担负的责任跟学生阐述清楚，录用过程可能带有一定的主观性。所以在志愿者招募的前期应该在各个班级以讲座、视频、分享交流会等形式进行志愿精神的传播，帮助大学生树立志愿服务精神，真正意义上理解志愿服务的内涵，增强社会责任感、使命感，引导大学生自愿加入志愿服务团队，自主投身到学校组织的志愿服务活动中。定期组织志愿者进行培训，培训主要从两个方面进行：一是从思想上强化志愿服务团队素质，进行有关规章制度、纪律、礼仪规范、道德品质等方面的教育，通过培训使志愿者能在培训学习的过程不断提高自身素质，更积极主动地投入到志愿服务中去；二是每次开展志愿服务活动前，都要进行强化培训，将志愿服务活动的意义、活动内容、注意事项等讲解明白，对于专业性比较强的活动，可邀请专业老师通过集中授课对所有志愿者进行专业培训，提升志愿者专业技能和服务水平，或者请专业老师作为指导老师协助完成本次志愿服务活动。

（四）加强志愿者的考核和激励

志愿者的付出需要得到志愿者组织的监督和认可。对志愿者的服务进行监督能够对整个志愿服务体系进行评价；对志愿工作的认可以增加志愿者的归属感和成就感，有利于他们热情的投入工作中。通过对每一次的志愿服务活动进行登记、评价并以爱心积分的形式进行量化，最后的成绩会以德育分的形式加入到学生的综合测评中。这种切实可行的考核与激励制度有利于在校内形成人人争做志愿者的局面，也有利于培养校内的志愿服务文化。

高校应为每个志愿者建档立卡，记录志愿者的个人基本信息、参与的志愿服务信息、培训信息及所获表彰奖励信息等内容。高校还应建立健全大学生志愿服务激励机制，制定详细的志愿服务奖励标准。每次志愿服务活动结束后，都要对志愿者的服务进行登记，录入档案，确保志愿者参与的志愿服务活动有档可查、有据可循，使大学生志愿者参加的志愿服务活动更有时效性，不因学业、就业因素而失效。高校还可以制定大学生志愿者先进个人、服务标兵、星级志愿者等荣誉称号的评定制度与志愿者嘉奖制度，并且将志愿服务与学生干部选拔任用、评奖评优表彰、党员组织发展、优秀毕业生等方面挂钩。学校可以树立志愿者典型，从而对大学生参与志愿服务起到积极的激励作用，在全校营造良好的志愿服务氛围。社会各个行业在对大学生招聘就业的时候，也可以参照大学生志愿服务档案材料，将大学生志愿服务经历作为考核的一个重要指标。[①]

（五）制定志愿服务学分制度，结合大学生志愿服务与专业实践

高校应加强对志愿服务实践育人的重视，可以设立志愿服务相关的必修或选修课程，重点宣讲志愿服务精神、志愿服务理念、活动安全注意事项，针对社会上典型的志愿服务案例，组织相关志愿服务流程学习，邀请志愿服务先进典型来学校开展讲座、报告或者分享交流会，让大学生深切体会"奉献他人，提升自我"的思想境界。高校应将志愿服务纳入学校人才培养总方案，纳入

---

① 杨燕，李艳会．大学生志愿服务长效机制构建研究［J］．湖南邮电职业技术学院学报，2020（4）：101-104.

到日常教育体系，制定志愿服务学分制度，将大学生志愿服务与日常行为养成、专业教育教学、教学实践课程有机结合，主张大学生专业实践学习在校外环境、志愿服务中进行，争取在毕业前就能接触到自己所学专业在社会的实际应用，并不断调整专业知识学习方向，有目标有计划地进行专业知识的储备，以满足真正的社会需求。通过制定志愿服务学分制度，将大学生志愿服务与专业实践相结合，从某种程度上强制性要求大学生参与到志愿服务中去，不光是培养大学生专业技能，也希望通过志愿服务活动的实施对大学生进行道德教育，提升大学生的综合素质。

（六）建立志愿服务平台，实现大学生志愿服务系统化

搭建志愿服务平台，主要从两个方面着手，一是建设线上信息分享平台。高校应结合自身实际情况建设志愿服务相关网站或者 App，主要用于大学生志愿者的线上统一管理、宣传志愿服务教育教学资源、发布志愿服务相关信息资源等。借助新媒体进行大学生志愿服务精神教育与校园文化建设，扩大志愿服务育人效果，完成志愿服务教育教学、宣传工作的同时，实现大学生志愿者与志愿服务活动的双向选择。二是建设线下的志愿服务基地。高校在大力拓展志愿服务领域的同时，也应重视和加强志愿服务基地建设。通过对政府部门、企业的深层次相互了解，分析其内在需求，共同打造大学生能够长期参与的志愿服务活动项目，建设大学生志愿服务基地。在持续的志愿服务基地活动中，大学生不仅可以将课堂上所学理论知识应用于实践，根据社会需求完善自身理论知识储备，在应用中不断提高专业实践能力，还能够通过与服务部门的沟通交流，增强人际交往能力，加深对行业尤其是所学专业的了解，提升服务质量和参与热情。

第四节　"互联网"视域下中国大学生志愿服务管理模式的优化

一、"互联网"视域下优化志愿服务管理模式的方向

运用"互联网+"优化志愿服务管理模式，首先可通过"互联网+手段"以多时段、多频段、多角度、多形式开展志愿服务宣传动员，通过青年学生接受信息的平台、渠道将志愿精神渗透到高校大学生的学习生活，以弥补传统宣传平台和宣传方式仅靠个别大型项目的短期效应影响大学生志愿者的不足。

第一，通过"互联网+"手段，进一步扩大青年学生中潜在志愿资源的普及面，同时也间接提高大学生参与志愿服务的积极性和认同感。

第二，高校可以以"互联网+"手段，为依托更合理配置志愿服务资源。在志愿者组织运行机制方面，用"互联网+平台"优化招募环节，更为全面、系统、科学的将志愿者的资料储存起来，以形成志愿资源的大数据。通过对数据的深度挖掘，针对学生专业特点、技能特点和地域分布特点，分类管理、重点应用、重点培养一批服务相对稳定、实践经验丰富、专业技能突出、志愿服务精神踏实的大学生志愿者骨干队伍，进一步提升高校志愿服务的水平和专业化程度。

第三，在志愿者服务专业能力发展和志愿组织者管理水平培训上，利用"互联网+"手段有针对性地选择资源，充分利用信息技术的便利性和低成本特性，将志愿服务能力和管理能力培训贯穿于整个志愿服务活动之中。在开展志愿服务活动前期，通过系统培训明确志愿者工作职责，把志愿服务对象进行精细分析，了解并细化志愿服务程序，制定志愿服务过程风险预防和管控措施，贯彻服务方法和步骤，普及服务技能等。[①]

第四，在传统媒体难以进一步强化志愿者和志愿者组织管理的情况下，利用"互联网+"对大学生志愿者组织进行管理，是信息化时代一个新的课题。高校志愿者组织应尝试借助"互联网+信息技术"来加强自身的组织建设，充分发挥"互联网+"主体多元，信息传播速度快、范围广、信息量大的特点不断从组织上完善志愿者组织。另外，还可以利用"互联网+"技术，建立具有协作关系和灵活组织关系的跨高校、跨社团志愿服务资源协调体系，发展并完善志愿服务主体队伍的内涵和外延，用志愿服务作为纽带联系不同服务类别的学生团体，通过多种方式，不断强化志愿者和志愿者组织的主体性，使志愿服务得以蓬勃发展。

此外，充分发挥"互联网+"的特点建立专门的志愿服务信息数据库，对每个大学生青年志愿者的志愿服务工作开展年度考核并进行评分，结合高校开展第二素质课堂学分建设，将志愿服务与学分结合在一起。这些做法都是"互联网+环境"下大学生志愿者和大学生志愿者组织志愿服务主体性建设的有益探索。

---

① 周娜，崔征．"互联网"视域下中国大学生志愿服务状况探究［M］．石家庄：河北人民出版社，2019：278-282．

二、优化管理方式手段

(一) 完善学校志愿服务网站，充分发挥网站功能

高校需加强学校志愿服务网站建设，最大限度地实现其在设计上的独特性、宣传上的影响力、内容上的吸引力以及数据的收集能力。一是开辟更多的功能专栏，建立志愿者论坛、贴吧，促进大学生之间的志愿服务交流。二是公开志愿服务基本数据。志愿服务基本数据包括大学生参与志愿服务的人数及占本校大学生总人数的比例，学校志愿服务的形式以及大学生参与的人数、比例等。

(二) 加强与管理部门的合作，共享数据资源

高校志愿服务的社会化发展，再加上社会志愿服务组织也需更多高素质的专业志愿者来充实和提升组织功能，促使越来越多的大学生走出校门，寻求和社会志愿服务组织的合作。不少大学生在社会志愿服务组织进行了注册登记，并提供稳定的志愿服务，有的则在慈善会等长期从事义工活动，这些活动虽然并没有在学校的管理之下，但是将这些数据纳入学校志愿服务管理"数据库"之内，有利于高校对大学生志愿服务的理念、行为偏好进行分析和预测，并有针对性地创新学校志愿服务形式，进而完善志愿服务行为管理体制。因此，高校鼓励大学生对自己的校外志愿服务情况进行校内登记、证明的同时，还需加强与其他志愿服务管理部门以及社会志愿服务组织之间的合作，主动将大学生参与校外志愿服务的全部数据进行转接和"入库"管理，形成对本校大学生志愿服务参与情况的全面掌握。这是高校志愿服务管理创新的基础，也是预测、控制和引导大学生志愿服务行为的基本依据。

三、管控志愿服务全程，达到管理效能最优

(一) 完善志愿服务评估体系

在评估目的上，根据不同的志愿服务活动类型确定评估目标，并对这些评估目标进行比较分析和有效整合，明确不同类型志愿服务行为标准体系的共同点和差异处，进而为建立长效的评估机制奠定基础。在评估指标上，建立科学的评估标准体系，首要也是最根本的是确立评估指标。评估指标不能简单、笼统地停留在对表面现象的评价上，而应深入到活动的全过程当中去，以过程性

评估衡量结果性评估的可信度，以结果性评估检测过程性评估的科学性。因此，对于大学生志愿服务行为而言，要确立评估指标，必须对其进行行为定性，使过程结构指标量化。比如，按照行为过程，可将评估指标分为三大模块，即是否弘扬了志愿精神、是否具备志愿服务能力和是否产生了实际效益；按照行为能力可分为知识储备、技能掌握、主观努力程度以及外在条件等。在评估过程中，应控制可能的变量因素的影响，尽量减少和排除主观因素的干扰，确保评估结果客观、公正、可信。

（二）及时反馈效益

毫无疑问，大学生志愿服务作为我国社会志愿服务中最稳定的力量，为我国经济发展做出了巨大贡献，大学生志愿服务行为产生的经济效益绝不容忽视和低估。因此，对大学生志愿服务行为进行评估，不仅仅是道德评价的问题，还涉及经济效益的问题。开展大学生志愿服务行为评估，必须将其经济效益纳入评估体系，进行成本效益核算，并将评估结果及时反馈给大学生，使大学生能够对自己的志愿服务成果和效益清楚明了，增强参与志愿服务的信心及未来持续参与的动力。

（三）发挥互联网优势，丰富志愿服务内容

较于传统志愿服务模式，依托新媒体的志愿服务成本更低，速度更快，新媒体可以整合图像、声音、视频、动画等多种形式，生动形象，内容多样新颖，服务效果更优。此外，应用新媒体可以有效利用服务人群的碎片时间来获取志愿服务相关的知识。所谓"碎片时间"是相对于工作、学习等完整的、连续的、整体化时间而言，主要指个人工作、学习、生活之余可利用的短暂的、小块化的零碎时间。在人们安排井然有序的生活中不可避免会出现零碎的简短的休息或闲暇时间，这样的时间不适宜做比较有深度的事情，但是用来看志愿服务队推送的护理专业知识却非常合适，这大大提高了志愿服务效果和质量。

（四）健全管理机制

完善制度机制是志愿服务长期发展的重要保障。志愿服务队吸收国内外的先进理念，将志愿服务的工作体系、评价体系与学生在校表现评价体系相联系，建立遴选办法、激励制度、培训制度、反馈制度等，依托新媒体平台，一方面公平公正公开地展示出来，发挥网络透明度优势，强化正面内容，树立典型形象，以志愿服务精神为价值引领，实现对大学生的凝聚作用；另一方面建立电子信息库，例如建立志愿者信息库，建立服务内容信息库等，根据志愿服务时间和质量评定等级，纳入学生在校的综合测评项目，提高学生参与志愿服务的规范性和积极性，促进志愿服务活动长期稳定发展。①

（五）提升大学生志愿服务的质量

在大学生志愿服务中，传统媒体与新媒体各有优势，传统媒体舆论公信力强，新媒体信息传播速度快、渠道广，因此与互联网相结合的大学生志愿服务活动并不是抛弃传统媒体的志愿服务模式，只推崇新媒体。在志愿服务实践中，应该积极探索新旧媒体服务模式有机结合的有效路径。在志愿服务宣传、服务内容、服务反馈等多方面发掘发挥线上线下优势的方式，实现新旧服务机制优势互补，提升大学生志愿服务质量，运用媒体优势，扩大大学生志愿服务的影响。

---

① 何文婷. 新媒体时代大学生志愿服务机制创新的思考［J］. 高校后勤研究，2021（1）：82-84.

第四章　社区志愿服务理论与管理研究

　　社区志愿服务是社会工作者开展社区服务的重要手段和工作内容之一，是对社区资源有效开发和利用的方式，它对处理社区事务、协调社区人际关系、促进社区良性发展有重要的推进作用。但有的社会工作者在组织开展社区志愿服务时，经常会面临一系列问题，如志愿者人数不够、缺乏骨干志愿者、号召力不足、志愿者服务项目少等。因此，必须要完善社区志愿服务理论，加强社区志愿服务管理。

第一节　界定社区志愿服务

一、界定社区与社区服务

（一）界定社区

1. 社区的定义

　　社区，是指一定数量组成的、具有内在互动关系和文化维系力的地域性的生活共同体。地域、人口、组织结构和文化是社区构成的基本要素。

　　中国的社区类型主要有三种：

　　（1）农村社区：是指居民以农业生产活动为主要生活来源的共同体或区域性社会。地域特征主要是土地和地理位置。社区人口数量和密度远低于城市社区，社会分工不发达，人口同质性高，流动性小。家庭是社区群体或组织的最基本单位。维护和延续传统的经验是农村社区文化规范的重要任务。

　　（2）集镇社区：也称城镇社区，是兼具农村社区和城市社区某些成分与特征的社区类型，是周边农村社区的经济、政治、文化、教育、卫生的中心以及城乡交流的中介和流通枢纽。

（3）城市社区：是一种经济规模大、人口密度高的非农产业活动在特定地域空间的集聚形式。当一个国家进入工业化阶段以后，城市社区就会成为人们最重要的、影响力最大的一种居住地或生活共同体。城市社区的人口数量大且密度高，人口质量普遍高于农村和集镇社区，人员的流动性大，人口增长呈现以外来移民为主的机械增长，社会阶层、社会地位等人口的差异性极大。

城市社区中的人际关系是指居住在同一城市社区内的、以共同利益与兴趣爱好为纽带的、以社区内的社群与组织为载体的、具有一定情感交流的人际交往关系。这种关系的另一重要载体是社会组织。社区是一个可进行实践的场所，是社会工作者试图解决社会问题的出发点和终结点，是改变社会的一种方式和载体。

2. 社区的社会功能分析

（1）社会服务功能

社会服务功能简称"社区服务"，是指在政府的资助、政策扶持下，根据居民的不同需求，由社区内或介入社区的各种法人社团和机构，以及志愿者所提供的具有公益性质的社会服务。这种公益性质的社会服务，主要表现为无偿性，以及不以盈利为目的的微利、微偿性的服务。社区服务主要为残障人士、老年群体、妇女儿童、处于困境中的外来人口等弱势群体、社会边缘群体和受歧视群体提供帮助和服务。

广义的社区服务还包括面向社区全体居民提供的公益性服务，如计划生育和公共卫生、职业培训与就业指导、文化休闲的组织与指导等。

（2）人的社会化功能

人的社会化，表达了个人与社会之间的关系，作为自然人逐步成长为社会人，的过程。社会化也是个人学习社会生活，接受社会规范，健全个性与人格，融入和调整社会关系，扮演社会角色的过程。信息化时代的大众传媒对人的社会化影响越来越大。

（3）社会参与和社会民主功能

社区发展为人们参与社会事务提供了区域社会的场所，以及民主建设与民主管理的机会。同时，社区发展也有赖于社会参与与民主管理。

（4）社会控制与社会稳定功能

社会控制的目的在于促使人们遵守公认的社会规范，维护已有的社会秩序。社会稳定是社会秩序的维护以及各种非稳定因素的化解和可控制状态。社区在维护社会秩序、实现社会稳定、解决社会问题、化解社会矛盾、控制各种非稳定因素方面具有自身特色的结构、地位和作用。

维持社会稳定需要三个方面条件：一是政府行政管理与社区组织相结合的

社会运作机制；二是社会帮困、社会救助和社会保障体系及运作机制；三是良好的社区文化和社区文明体系、社区参与和民主管理的机制以及适合居民需求的社区服务项目。

（二）界定社区服务

社区服务是在政府的福利政策和公共财政扶持下，在社会资源支持帮助下，依靠社区居民的组织参与，动员社区内在的资源力量，向社区居民提供的各种服务活动。社区服务体系是指以各类社区服务设施为基础，以社区居民、驻区单位为服务对象，以满足社区居民公共服务和多样性生活服务需求为主要内容，政府引动技术，多方共同参与的服务网络及运行机制。

社区服务主要包括以下几个方面。

（1）面向各类弱势群体的福利服务。比如为老年人、残疾人、优抚对象、贫困家庭和贫困者、外来务工人员提供福利服务。

（2）面向社区普通居民的便民利民服务。比如居民生活服务中各种小吃店、理发店、停车场、便利店、家务劳动、文化生活、图书室、文娱队等，实施有偿、低偿或者无偿服务。

（3）根据互惠互利原则，在居民之间以及社区组织和机关团队、企事业单位之间发生的互助服务。

二、社区志愿服务的内涵

（一）社区志愿服务的定义

所谓社区志愿服务，是指在政府、社区居委会以及其他各方面力量直接为社区成员提供的公共服务和其他物质、文化、生活等方面的服务。它又是一种公益性质的福利性便民利民服务，是一种为提高社区居民生活质量、有偿和无偿相结合的服务。[①]

社区志愿服务的目的在于满足社区居民的各种需要（包括生理上与心理上），解决弱势群体的生活困难，从而创造充满关爱与和谐的生活居住环境。社区服务的最关键因素是参与社区服务的人，即社区服务的人力资本。

从目前我国的情况来看，社区服务的人力资本有三大类人构成：一是专职社区服务人员，他们是社区服务的骨干人员；二是社区服务的兼职工作者，他

① 张仕进，任明广，刘安早．青少年志愿服务体系与培育机制研究［M］．南京：南京师范大学出版社，2014：148.

们是社区服务的主要人员；三是参与社区服务的志愿者。

目前在我国参与社区服务的志愿者人数正逐年增加，服务内容不断充实，服务水平不断提高，志愿服务已经成为社区服务的中坚力量。

（二）社区志愿服务的双重属性

社区建设是社会建设的基础性工作，而社区志愿服务组织的发展是进一步完善社区治理结构的重要一环。

社区志愿服务作为一种行动与理念，具有工具与价值的双重属性。所谓"价值性"是将志愿服务作为一种积极、健康、向上的价值意识，在社会生活中实践社会主义核心价值观，使其成为现代社会文明进步的重要标志；而"工具性"则体现在将志愿服务作为进行社区治理的一种有效的方法，进而为居民提供社区服务，提升其社区意识，培养社区自治能力。

（三）社区志愿服务的现实意义分析

社区志愿服务对基层社会治理具有重要的意义。从文化传承来看，作为社会生活共同体的"社区"，是我国社会从"宗族制"到"单位制"转型后的又一次社会变革，承载着包括家庭、邻里和群体等在内的诸多社会制度。社区志愿服务所服务的群体往往优先选择社会困难群体，这在一定程度上促进了社会资源的互联和共享，促进了社会公平。从协商共治来看，社区志愿服务将社区动员落到了实处，让更多的社区居民了解自己居住的社区，具体处理实际问题，参与公共事务活动，主动承担社会责任。社区志愿者通过志愿服务，不仅帮助了他人，也使自己获得了满足感和成就感，让服务双方都感受到了社会发展的正能量。从基层治理来看，作为基层社会重要组成部分的"社区"及其自治组织，面临着"实现自我治理"与"协助行政管理"的行为困境，迫切需要一个新的机制加以缓解。社区志愿服务通过组织化的形式，在一定程度上发挥了倡导、组织、协调和激励的作用，有利于化解社会矛盾和减少社会冲突，从而保障基层社会发展。

三、社区志愿服务的类型与特点

（一）社区志愿服务的类型

目前，中国社区志愿服务已形成了立足社区生活的完整类型。综合来看，可以大致从以下四个角度进行总结。

1. 救济型

我国社区改革和社区建设的一个重要目标，就是通过社会福利权力和职责的下移，使社区成为保障居民生活福利的主体，还原社区作为日常生活空间的丰富内容。在这一过程中，大量的救济服务需求在社区层面上出现，完全依赖政府部门和市场交换，既是不可能的，也是不应该的。

在志愿服务的深化和发展过程中，社区照料、社区慈善（如捐款捐物等）这类带有单向色彩的救济型服务，也相应地走向了救济型，即在提供服务的过程中，不仅服务内容逐渐随着生活水平和服务对象需求层次的提高，从单纯物质照料走向精神慰藉和情感互动，而且开始开展促进、帮助参与社会活动、提高自身价值感和能力的服务。如组织老人开展自己的文艺体育活动，帮助残疾人发展兴趣、能力，组建相互交流和服务的网络等。与之相应的是现代志愿服务理念的建构，即志愿服务并非单纯的救助，而是自助助人、发展能力、共同进步。

2. 互助型

交换型或互惠型的互助服务，本身就是社区概念所内在包含，也是中国社区重建和发展过程中，公共政策所倡导和扶持的事务。此类型的志愿服务，一方面是补充、完善既有的邻里互助非正式网络；另一方面是通过各种方式的介入，辅助建构和运作互助型民间组织。

在结对帮扶式的救济型服务过程中，一般都会向互助型发展，这一点在为老服务的社区照料中表现得最为明显。随着社会的发展，原来以志愿者入户照料为主的"一对一"服务逐渐开始走出家门，为老人尽可能提供参与社会、互相交往的机会，志愿者也就成为老人之间精神互助组织的支持者和联络者，并积极开拓渠道，实现社区内或跨社区兴趣型组织的交流，可以有效地促进社区文化的生成和居民的认同。志愿者与帮扶对象之间建立力所能及的互助关系，也是普遍发生的事情，如老年人为结对志愿者照看家庭、接送孩子上学等。

随着人口寿命的提升，大量"低龄老年人"出现，他们富有知识和经验，会渴望继续参与社会、发挥专长，因此，他们有广泛参加志愿服务的愿望和能力，这也成为促进志愿服务普及化、构建完善的社区互助网络的新契机。

在社区建设的过程中，非正式的互助关系逐渐发展成完善的互助网络或组织，如在区或街道相应政府部门的支持下，很多社区成立了"居民互助救助站""社区博爱互助中心"等民间综合互助组织。由组织出面搭建交流平台、建立志愿者档案库、设立互助基金等，使单向服务逐步演化为"服务链"和"服务网"。

3. 公共服务型

所谓社区公共服务，一般指的是现代社会为了社区的需要而提供的社会公共服务，以及社区本身为满足自己的需求自行安排的共有服务，如社区保安、物业管理、保洁、绿化等工作。这些方面的工作，是我国在行政体制改革和社区建设过程中明确走市场化道路和由社区自助解决的领域，也是国际公认适合民间组织介入和运作的事业。实践也表明，市场在提供物业管理、环境卫生、商业设施等营利性服务时，具有充分的效率。但对于其他一些高外部性的公共服务，市场是失效的，而由非政府组织、民间社团配合行政机构来组织管理，采取志愿服务的方式来进行运作，是合适而有效的。

在中国志愿服务的最初发展中，诸如环卫整治、交通协管等延续的学雷锋传统项目，都属于公共服务类型的志愿行为。

4. 公民参与型

社区作为基层居民自治组织，应该成为公民参与的活跃空间，以及培养中国民众的公共参与能力、习惯和素质，逐步构建多层次、多类型参与渠道的生长点。可以说，我国社区建设的问题，就是通过"社区工作"促进"社区体制"的形成。社区工作系指居民互助、志愿者、选举社区领导人等活动。在这些活动中，必然会引发居民之间的深入互动，居民与现有街居组织的切实联系，以及全体居民对有关公共事务的参与。这些联系和参与逐渐定型化，即形成我们所说的"社区体制"。志愿者活动本身就是公民参与的途径之一，而通过参与志愿服务，自觉、积极地管理社区事务，又可以有效地锻炼公民意识和决策能力，从基层促进我国民主政治的发展。

随着中国社会的发展和社区建设的深化，各种矛盾和问题正逐渐显现出来，而大众传媒和公众民主意识的飞速发展，使这些问题的解决不能只单纯依赖政府相关部门，而是需要公民的参与，这样才能使公共政策真正成为公民个人、组织与政府积极合作的产物。在这种背景下，各种志愿者和志愿服务组织主动介入社区建设，救济弱者，服务公众，促进居民互助和参与的发展，逐步深化居民对社区的认同感和归属感，推动中国政治、经济、社会的全面发展。

(二) 社区志愿服务的特点

1. 内容的针对性

社区志愿服务的内容主要涉及社区居民的日常生活，目的是为了解决居民生活中的实际困难。这种针对居民生活的指向性特征，决定了社区志愿服务必须研究居民需求，进行项目分类，将志愿服务细化，通过成立卫生保洁小组、政策咨询小组、卫生急救小组、文化活动小组、心理咨询小组等志愿服务组织，采取"一对一"救助、"专人包干到户"等措施，使社区志愿服务落实到每项具体的工作中，融入居民的实际生活中。

2. 主客体的稳定性

在社区志愿服务中，主体是提供服务的社区志愿者，客体是接受服务的社区居民，他们都具有很强的稳定性，这就从根本上构成了社区志愿服务的稳定性。这种稳定性不同于应急服务的临时性和突发性，因而就需要把社区志愿服务的招募和培训作为日常性工作抓紧抓好，把建设高素质志愿者队伍作为一项长期任务，放在战略层面考虑，加强志愿者队伍长久性建设，不断提升社区志愿者综合素质，推动社区志愿服务可持续发展。

3. 时间的延续性

社区是人们相对固定的生活场所，在社区从事志愿服务的时间可以延续到生命终止，这是重大会节服务等阶段性服务不具备的。时间跨度长就容易出现厌倦和疲惫的感觉，这就要求对社区志愿服务增加融投入，用于保障社区志愿者的基本服务开支，加大对社区志愿者的激励力度，使他们保持持续的热情和动力。同时，通过创新机制、创新内容和创新手段，不断增强社区志愿服务的活力。

4. 参与的广泛性

社区汇聚了各个层次各个方面的居民，他们的社会阅历、受教育程度、经济社会地位各不相同，在很大程度上影响着社区志愿服务的成效。参与志愿社区服务的人员既有老年人，也有青年人和少年儿童，既有社会精英，也有普通市民和弱势群众，这种广泛参与使加强管理的问题尤为突出。这就需要整合好各类志愿者资源，科学管理，充分发挥他们的专业技能，加大引导力度，制定合理的制度安排，促进社区志愿服务沿着制度化、规范化的轨道发展。

5. 评价的社会性

社区志愿服务水平的高低直接影响志愿者在居民心中的形象，影响到社区志愿者队伍的稳定。评价社区志愿服务水平主要依靠群众的真切感受、社会的客观评价，只有赢得居民信任、赢得社区认同的志愿服务才能让群众满意，才有旺盛的生命力。这就需要在做好各项工作的同时注重社会宣传，积极宣传志愿者的奉献精神和实际成效，创造有利于社区志愿服务工作的良好氛围。

四、社区志愿服务的内容与原则

（一）社区志愿服务的内容

社区志愿服务的目的是满足社区居民的各种需要，解决弱势群体的生活困难，从而创造充满关爱与和谐的生活居住环境。根据社区人口的类型、阶层、文化、素质等不同，其服务需求也具有很大的差异性。一般来说，社区志愿服务主要包括以下几方面的内容。

（1）建设干净社区：绿化卫生，垃圾分类与节能等。

（2）建设规范社区：模范党团员，文明劝导等。

（3）建设服务社区：生活服务与援助，关爱外来务工人员等。

（4）建设安全社区：矛盾调解，安全巡查，危机应对，社区矫正等。

（5）建设健康社区：心身健康，防艾禁毒，体育活动等。

（6）建设文化社区：文化风情，敬老爱老，邻里一家亲等。

（7）社区服务热线：心理、法律、健康、婚姻、金融、房产等咨询。

从以上可以看出，社区志愿服务的内容，主要是围绕社区居民（特别是特殊需求群体）的日常生活需求，涵盖范围广泛。这就需要志愿者在进行社区志愿服务时，掌握一定的知识与技能。以下我们重点就社区生活、社区文化活动、社区建设工作来学习。

（二）社区志愿服务的原则

1. 以人为本，服务社区

以服务社区居民和社区单位为根本出发点，突出关注社区困难群体，特别是老年群体，切实帮助他们解决生产生活中的实际问题，使困难群众共享经济社会发展成果。要因地制宜，讲究实效。

2. 自愿参与，互利双赢

不管是加入志愿者组织，还是参与志愿服务活动，都要尊重本人意愿，不能强迫命令。既要提倡无私奉献，又要让志愿者的服务获得社会回报，做到尽力而为与量力而行相结合。

3. 各尽所能，形式多样

既可以用一技之长助人一臂之力，也可以用爱心解他人燃眉之急；既可以长期，也可以短期；既可以用脑力，也可以用体力；既可以用精神，也可以用物质。既要适合服务对象的需求，也要适合志愿者的特长。服务的形式应在服务实践中不断完善和创新。

4. 党（团）员带头，广泛参与

共产党员、共青团员、国家公务员，要积极争当志愿者，每年拿出一定时间积极参与服务活动。充分调动社区居民和驻在社区的机关、团体、学校、企业、事业单位等一切力量积极参与，最大限度地实现共驻共建。建立健全激励机制，推动社区志愿服务活动广泛、深入、持久的开展。

5. 开展社区志愿服务的重点领域

以社区老年人、未成年人、外来务工人员、下岗失业人员、残疾人和低收入家庭为重点服务对象，把社会救助、慈善公益、优抚助残、敬老扶幼、治安巡逻、环境保护、社区矫正、科普咨询和法律援助等作为重点服务领域，使社区志愿服务与满足居民群众最迫切的需要更好地结合起来，与建设和谐社区的各项任务更好地结合起来。

第二节　社区志愿服务的理论分析

一、社区赋权理论

赋权理论起源于所罗门（Solomon）的开创性研究，它是与美国黑人争取平等权利的斗争历史紧密相连的。而后，通过李（Lee）的《社会工作实务的增权方法》和古铁雷斯（Gutiérrez）等人的《社会工作实务中的增权：一本资料读物》进行补充和完善，成为社会工作理论中的重要概念之一①。

戴维·奥斯本（D. Osborne）与彼得·普拉斯特里克（P. Plastrik）在其著作《摒弃官僚制：政府再造的五项战略》中谈到赋权的三种具体方式：组织赋权、雇员赋权与社区赋权②。社区赋权主要指政府在公共服务供给决策中赋予本地社区以更大的参与权和影响力，其政策导向在于强调自治组织与社区部门在社会政策体系中的角色，促进政府与公民社会之间复杂的互动关系。社区赋权包含着两个紧密相连的方面：一是给予社区以信心、技巧与能力，使其塑造与影响公共部门；二是社区参与，即公共部门与社区接触，并为社区创造赋权的机会③。

一般而言，社区赋权的过程需要经过三个不同的阶段。社区赋权初期阶段的主要目标是激活社区意识，并进行社区能力的基础建设。进入中期阶段，社区赋权的主要目标是通过调动社区精英、建设社区领导团队来增强社区能力，

---

① ［英］派恩. 现代社会工作理论（第三版）［M］. 冯亚丽，叶鹏飞，译. 北京：中国人民大学出版社，2008：6.

② 郑晓华. 社区参与中的政府赋权逻辑——四种治理模式考察［J］. 经济社会体制比较，2014（6）：95-102.

③ 周晨虹. 英国城市复兴中社区赋权的"政策悖论"及其借鉴［J］. 城市发展研究，2014（21）：92-106.

提升社区协作治理的经验。社区赋权的后期阶段，在具备了基本的居民意识和初步的能力之后，政府要逐渐从社区干预的场域退出，由社区通过赋权评估、权利扩充和巩固来实现可持续发展的目标①。

影响社区赋权的两个因素为互助与批判意识。互助是为应对社会问题而产生的互助与集体性自助，可以为社区赋权提供各种各样的可行的模式。在提升批判意识方面，意味着工作者要着手使他们所工作的社区能够质疑主流的假设。

社会工作者以赋权理论为指导可在社区营造的模式下推动社区志愿服务的发展。发挥社区领袖的引领作用，激发在地居民志愿服务的参与热情，服务社区；挖掘与保育社区文化，培育志愿者团队，打造形式多样的志愿活动；挖掘并培育社区资本，营造社区服务平台。这些工作方法都是通过对社区、组织和个人赋权，提升社区能力，促进社区志愿服务的发展。

二、社会资本理论

社会资本的概念最早由莱达·哈尼范（L. Hanifan）于 1916 年提出，但关于社会资本的系统阐述从 20 世纪八九十年代才开始。社会资本本身具有丰富的内涵及解释性，对于社会资本的概念在学术界没有一个统一的界定，皮埃尔·布迪厄（P. Bourdieu）关于社会资本的阐述中将社会资本区分为经济资本、文化资本和社会资本，并认为不同资本是可以转换的②。科尔曼（Coleman）提出，社会资本具有不可转让性，公共性和可生产性。罗伯特·帕特南（R. Putnam）区分了实物资本、人力资本和社会资本，认为社会资本是指个人间的关系资源——社会网络及其产生的互惠、信任准则③。

社区社会资本是指内嵌入社区居民关系之中的，被社区居民认可的一种共识，可以由内而外的影响社区居民的行为。在微观层次上，社区社会资本指社区居民个体所拥有的社会关系网络以及通过这种网络动员获取资源的能力，包括信任、亲情、信仰、参与、互惠等；在中观层次上指社区组织在社区社会网络形成中的作用，即社区组织的关系网和动员能力，包括规则、参与、信任以及以组织名义发生的各种联系；在宏观层次上就是指社区整体所拥有的社会资本，也就是把社区视为一个整体，它在嵌入社会系统时所依赖的法律、制度、规则以及网络等，由于在这个层次上的社会资本具有相当明显的公共产品性

---

① 吴晓林，张慧敏. 社区赋权引论 [J]. 国外理论动态，2016（9）：125-131.
② 徐永祥. 社区工作 [M]. 北京：高等教育出版社，2004：10.
③ 徐永祥. 社区工作 [M]. 北京：高等教育出版社，2004：10.

质，因此也可以称之为群体社会资本①。

社会工作者以社会资本理论为指导，遵循社区志愿服务与社会资本之间的逻辑关系，即社会资本具有社会支持功能，社区志愿服务是社会资本社会支持功能的具体体现，充分运用并建构起微观、中观和宏观层面的社区社会资本。通过社区居民之间的良好互动建立居民之间的亲密关系，打造信任、互惠，以此发展个人资本；通过社区组织的培育并促成社区居民参与社区公共事务，提升社区参与，建立社区关系网络，以此发展组织资本；通过社区资源的整合营造社区互助平台，构建社区共同体，以此发展群体资本。

第三节　社区志愿者组织建设与管理

一、社区志愿者组织建设

（一）社区志愿者的组织机构

1. 民政系统的中国社会工作协会社区志愿者工作委员会

为了更好地整合社区志愿者资源，规范社区志愿者行为，加强社区志愿者自律，进一步发挥社区志愿者在城市社区建设和精神文明建设中的作用，2005年3月，经民政部批准成立了中国社会工作协会社区志愿者工作委员会。该委员会的主要任务是：整合社区志愿者资源、规范社区志愿者行动、加强社区志愿者管理、维护社区志愿者权益、发挥社区志愿者作用。其职责通常由社区居民（村民）委员会承担，具体来说，包括以下几点内容。

（1）壮大、优化社区志愿者队伍。广泛动员社区居民中的共产党员、国家公务员，专业技术人员和有一技之长的人员积极加入社区志愿者队伍，并广泛动员中青年居民参与社区志愿服务。这不仅可以壮大志愿者力量，优化志愿者结构，而且对于发挥党员的先锋模范作用，密切党群、干群关系，形成良好的社会风尚也有重要的现实意义。

（2）培育发展社区志愿者组织。要把社区志愿服务组织注册为具有法人地位的社会团体，使其具备独立承担社会职责的法人资格。并要全面推行社区

---

① 吴光芸，杨龙. 社会资本视角下的社区治理 [J]. 城市发展研究，2006（13）：25-29.

志愿者注册登记管理制度，促进社区志愿者队伍的组织工作更加规范、有序、健康的发展。

（3）引导各级各类志愿者组织将服务重点放在基层，放在社区的福利性、公益性服务领域。重点是无偿开展社区救助、社区优抚社区助残、社区就业、社区为老服务和文化服务活动。

（4）坚持先进性与广泛性相结合的原则。从居民群众的实际承受能力出发，做到尽力而为与量力而行相结合。既提倡无私奉献精神，又肯定和支持兼顾个人合理利益的参与行为。同时提倡从身边小事做起，力所能及，积少成多。并且注意发挥每个参与者的优长，使他们在参与中获得乐趣，实现自身的价值。

（5）丰富志愿服务方式。要继续发扬邻里互助的良好传统，使其进一步成为最普遍最及时的社区志愿服务形式；要进一步完善"协同包户服务"，使其进一步成为动员社会各方面力量共同服务于困难群体的一种有效方式；要进一步利用各种现代化设施发展社区志愿服务，不断扩大服务规模，拓展服务内容，提升服务水平。

2. 共青团系统的青年志愿者委员会

中国青年志愿者是 20 世纪 90 年代初期，在共青团组织领导和积极倡导下形成的，它的现实形式是各级青年志愿者协会和全国范围的青年志愿者行动。1993 年年底，共青团中央决定实施中国青年志愿者行动。1994 年 12 月 5 日，团中央成立了中国青年志愿者协会，随后，各级青年志愿者协会也逐步建立起来。1998 年 8 月，团中央成立了青年志愿者行动指导中心，负责规划、协调、指导全国共青团的青年志愿服务工作，承担中国青年志愿者协会秘书处的职能。从 1995 年开始进行了社区青年志愿者服务站建设工作。2006 年，全国经过规范注册的青年志愿者近 2000 万人，是中国最大的志愿者队伍。在中央文明办、民政部等部门的大力支持下，2000 年全面实施了青年志愿者社区发展计划。这项计划旨在以社区群众的服务需求为导向，以推行志愿者注册制度为核心，以助老、助残、维护治安、法律援助促进青年就业等为工作重点，以"共建、互助、共享"为主题，积极动员广大青年及其他社会公众以志愿服务方式参与社区建设。其具体职能主要由各级各单位的共青团团委承担，主要包括四方面内容。

（1）青年志愿者"一助一"长期结对服务工作。

（2）在重点工作领域实施志愿者专项行动。

（3）大中学生志愿者社区援助工作。

（4）社区青年志愿者服务站的创建工作。

3. 其他类型的志愿团体

目前，除了民政系统和共青团系统的社区志愿服务不断发展之外，其他类型的志愿团体也日益重视参与社区服务，包括来自社区内外的专业机构、单位（学校、政府部门、医院、企业等）、民间团体等。

（二）社区志愿者组织建设策略

社区志愿者凭着爱心参与服务，而有效的组织则是扩大志愿者队伍、发挥志愿者积极性和提升志愿服务质量的重要保障。

1. 整合社区资源，推进社区志愿者注册制度

社区志愿组织要依据"依托社区、服务社区"的工作宗旨，建立专门的注册管理系统，加强对注册志愿者的信息管理，丰富社区志愿者人才资源库，并通过联合建站、依托建站等多种手段，探索社区志愿服务站点的建设，进而更方便快捷地组织社区志愿者开展服务活动和发展社区志愿者队伍。

2. 依托社区机构，构建社区志愿者网络体系

社区志愿组织可以依托社区原有的自治机构，选拔社区志愿者领袖和骨干，并形成"志愿者领袖—志愿者骨干—普通志愿者"的层级责任制，最大限度发挥志愿者"自我管理、自我运作、自我服务"的积极效应。

3. 根据社区需求，建立社区志愿者认岗制

社区志愿组织可以根据社区需求，设计服务岗位，由志愿者以岗位责任制自愿认岗，承担具体服务项目，定期、定点、定项开展服务工作。这样可以避免志愿服务活动的"一阵风"，从而使志愿服务活动持续开展、深入人心。

二、社区志愿者管理

（一）社区志愿者组织管理的内容

社区志愿者组织的管理包括两方面内容，一是对志愿者组织的内部管理，二是政府对志愿者组织的管理。

1. 对志愿者组织的内部管理

社区志愿者组织可分为两类。一类是非正式志愿组织，是由街道、居委会或者驻社区单位在他们发起、组织和操作的一些项目型、任务型公益活动，让志愿者参与其中。另一类是正式的志愿者组织。社区内正式的志愿者组织是经过登记注册过的民间组织，内部机构设置一般包括理事会、监事会和秘书处。

社区志愿者组织的内部管理主要通过制度管理。其主要制度包括以下几点。

（1）管理制度

社区志愿者组织如果想保持有条不紊的运作，清晰的管理制度是必不可少的。通过制定各项规章制度，可以协调内部成员的思想，保证宗旨、使命的实现，保证内部民主程序、原则的贯彻；同时也保证组织各项工作的连续性，避免由于人事变动而造成脱节和随意性改变以及出现管理者的独裁问题。一个志愿组织是否能够正规、有序的运作，很大程度上取决于组织的制度是否健全。

（2）内部责任制度

建立明确的内部责任制度，有利于志愿组织的管理者赏罚分明，正面激励志愿者发挥自身积极作用，回避可能出现的负面问题。让志愿者清楚自己承担的责任，在职权范围内做好本职工作。管理者可以依照责任制度的条例，一旦出现问题，及时与志愿者进行沟通并解决问题。

（3）财务制度

财务制度的健全，对外可以保证国家的资助、社会捐赠的财产依法得到管理和使用，增加透明度，提高志愿组织的公信力；对内可以保证各项费用的合理收支，防止个人侵吞、挪用和非法占用等损害志愿组织财产的行为发生。

2. 政府对志愿者组织的管理

（1）对社区志愿者登记注册

中国社会工作协会社区志愿者工作委员会于2005年9月16日颁发了《中国社区志愿者注册管理办法（试行）》，要求各地已经开展的社区志愿者注册登记工作应逐步与本办法之规定接轨，结合实际有计划地开展重新审核、注册工作，并于2006年6月30日前全部完成。

①注册志愿者的推行，实现了社区志愿服务的经常化

注册志愿者的推行既能充实社区志愿服务力量，解决当前困扰社区志愿服务工作发展的突出问题，又能让社区志愿者的人力资源得到更科学优化配置，从更大限度上实现志愿者的自我管理，发挥志愿者的才能。

②注册志愿者的推行，实现了社区志愿服务的规范化

注册志愿者制度，包括志愿者身份确认制度、志愿者服务记录制度、志愿者激励约束制度等内容。从微观来讲，这是对志愿者个人和个别志愿服务行为进行管理的基本制度；从宏观来讲，志愿者注册制度的有效执行，是引导和推进志愿服务事业的根本机制保证。社区志愿者的基本来源是社区内的广大居民，通过推行注册志愿者制度，让广大的居民争当志愿者，认同志愿服务，从事志愿工作，从而形成"社区是我家，建设靠大家"的良好局面。

③注册志愿者的推行，实现了社区志愿服务的项目化

注册志愿者是"社区志工"的一支重要力量，发挥了积极的作用。志愿

者注册登记只是一种形式和载体，目的是及时参加志愿服务活动。通过"一助一"结对等方式建立起有效的服务机制，进一步规范了社区志愿服务工作的项目运作。如杭州市下城区长庆街道在"金晖志愿者俱乐部"的试点工作过程中，作为"金晖志愿者俱乐部"的领导管理者的议事会成员和各组组长，都由注册志愿者担任。注册志愿者直接参与志愿服务项目的策划和组织实施等工作，并通过切身的参与积累总结出项目运作的基本经验模式，促进了社区志愿服务项目运作机制的完善。

（2）制定社区志愿者组织管理办法

组建社区志愿服务组织是志愿服务可持续发展的重要途径，也是实现社区志愿服务经常化、有形化、项目化，保证志愿服务队伍相对稳定的重要方式。为加强对社区志愿服务团队的管理，规范和促进社区志愿服务工作，共青团中央社区和维护青少年权益部、志愿者工作部，制定了《社区志愿服务团队管理办法（试行）》。各地政府根据本地区情况，结合《社区志愿服务团队管理办法（试行）》，又制定了本地区的办法，在本行政区域内实施。

（二）社区志愿者组织的管理方法

社区志愿者组织的管理方式和方法是多种多样的。此处，简单介绍以下几种。

1. 循环管理

社区志愿服务组织的内部管理首先表现为对人力资源的管理，即对社区志愿者的管理。而对社区志愿者的管理应该是由规划、招募、指导和培训、监督和考核、认可等环节构成的循环过程。每一个阶段的终点都是下一个过程的起点，如图4-1所示。

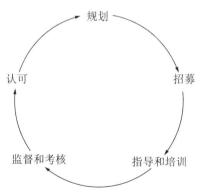

图4-1　志愿者管理循环过程示意图

其中，规划是社区志愿者管理的首要环节。主要包括：设计社区志愿者工作岗位和吸纳条件；建立工作程序和规章制度等。按照科学合理的规划，社区志愿者组织的管理人员应该积极吸纳（包括招募）社区志愿者，构思有创意的吸纳（招募）信息，吸引潜在的志愿者加入本组织，壮大社区志愿服务力量。在此基础上，要为新的社区志愿者提供必要的指导和培训，使其了解组织的一般情况和志愿者工作岗位的具体信息，使其加深对社区志愿服务的认识，使其掌握开展社区志愿服务的基本技能。在开展社区志愿服务的过程中，组织管理人员需要经常对志愿者进行监督和考核，了解志愿者是否正在切实履行自己的服务职责，以及服务业绩情况，帮助他们改善服务工作。接下来的循环管理内容主要表现为"认可"。非正式的认可，既表现为服务客体对志愿者所表示的感谢，也表现为管理人员对志愿者的肯定与赞许。而正式的认可往往是管理人员代表组织对志愿者的正式表扬和荣誉表彰。"认可"是激励志愿者更加积极有效地提供社区志愿服务的重要管理方式。上述几个环节循环往复，可以促使社区志愿服务组织良性持续运行。

2. 制度化管理

社区志愿者组织的制度化管理所强调的是按照规章制度调配人员、安排行动、提供服务、评估效果，其目的在于保证志愿服务活动的规范性，提高服务效率和效益。这就需要从实际出发制定一套科学、可行的规章制度，作为社区志愿服务组织全体成员共同遵循的行为规范。

需要指出的是，社区志愿服务组织的制度化管理主要是一种平台式结构，而不是层级式结构。层级式结构是以权力为基础的，是以加强控制和管理为目的的，而平台式结构则是以平等参与为基础的，其目的是促进参与者之间的密切合作。由于社区志愿服务组织的成员具有自愿为他人服务的性质，所以，平台式的制度化管理可以给志愿者更多的满足感和归属感，可以促使其更自觉、更高效地提供志愿服务。这就要求社区志愿者组织的管理人员与普通志愿者共同遵循本组织的规章制度，互相约束，互相监督，平等地享有规章所规定的各项权利，平等地履行规章所规定的各项义务。特别是管理人员更要率先垂范，以实际行动带动和影响普通志愿者接受本组织规章制度的合理约束。

3. 沟通管理

沟通管理主要是促进志愿者之间、志愿者与管理人员之间的沟通交流，进而提高社区志愿服务组织各成员间的互信度，达到激励志愿者积极参与社区服务的目的。

（三）社区志愿者组织的长效管理

社区志愿组织良好的规划与管理，是吸引社区志愿者、留住社区志愿者的重要因素。社区志愿组织通过规范的制度与人文的关怀，让志愿者感受到他们的服务是有意义的，有成效的，从而获得自身的满足感，并愿意继续参与服务。

1. 规划社区志愿服务项目

通过设计志愿者岗位、制定招募方案、构思招募信息、安排志愿者培训、定期对项目进行评估等，精心做好社区志愿服务项目的策划工作，为项目的长效运作打下基础。许多招募工作的策划者也通过制定项目运作的进程表来明晰工作流程。

2. 建立社区志愿者认同机制

许多社区志愿者参与志愿服务工作都是满怀信念，充满期待的。因此，要使志愿者保持积极的心态，拥有持续的热情，就要对社区志愿者的工作予以欣赏和认同。认同可以分为正式认同与非正式认同。正式认同是在正式的庆典活动上对志愿者进行荣誉表彰；非正式认同是在日常服务与交往中肯定志愿者的奉献，关心志愿者的成长，让志愿者感受到自己付出的价值，提升志愿者的成就感，增加志愿者对志愿组织的归属感。一句真心的"谢谢"、一条温馨的短信、一句真诚的祝福都可以是对志愿者的认可。社区志愿组织要了解志愿者，用一种志愿者感受到真正认可的方式来感谢和维系志愿者。

3. 健全社区志愿者的考核评估制度

社区志愿者的考核和评估一是来自志愿组织内部，志愿组织制定自身的考核和评估标准，通过对志愿者的服务时间、服务质量进行考核，评估服务成效；另一方面志愿者的考核和评估来自服务对象，志愿组织应制定一套服务评估标准和评估体系，在服务活动结束后由服务对象对服务效果进行评定。建立社区志愿者的考核评估制度，不是为了约束志愿者，而是通过考核评估激励志愿者，帮助志愿者提高服务技能，提升服务质量。

第四节　中国社区志愿服务发展展望

一、中国社区志愿服务发展不足之处

如果我们从较为理想的社区志愿服务活动的运作状态来衡量的话，不难发现，我们现有的社区志愿服务的实践探索和行动推展，尚存在一些不足或者说是有待改善的地方。这主要表现在以下几个方面。

（一）社区志愿服务并未摆脱"行政化"的局限和制约

在特定的时代背景下，行政介入和干预的力量，对社区志愿服务事业的发展，发挥着至关重要的导向和推进作用，对此，我们必须给予高度认可。但同时，我们也应清醒地看到，这样的运作机制，其本身是有局限性和"过渡色彩"的。随着我国社会民间力量的逐渐发育和日益成熟，行政的力量将适时淡出，以便让社区志愿服务事业的发展，回归到正常运作的轨道上来。

（二）社区志愿服务的参与面不够广，社区居民的自觉参与意识不高

时至今日，在现实的社区日常生活中，社会成员参与各类志愿服务活动的人数总量及比例都还不高，社区志愿服务的各项工作，都还远远没有成为人们社会参与的重要途径和日常行为活动的内容。这固然和人们的认知和理念转变不到位有关，但更为深层的原因则在于客观的社会现实因素的制约，在于我国"社会发育"的程度还不够，未能真正营造出良好的志愿服务的氛围。

（三）社区志愿服务的组织水平和协同运作机制存在不足

同任何事物的发展一样，社区志愿服务事业的发展，也有其内在的规律性，也将经历一个由初期探索尝试，再逐步走向规范和成熟的发展演变过程。从我国现有的社区志愿服务实践来看，在很大程度上还存在着组织化程度不高、协同运作有效性差的情况。依托于民政、共青团、妇联、工会、残联等不同的系统、部门和团体的各类志愿服务者群体，往往各自为政，彼此缺乏必要的协调与配合。

（四）社区志愿服务基础研究薄弱

"邻里守望"作为继承中华文化传统的社区志愿服务项目，已经成为世界志愿服务领域的"中国名片"，但其在基础理论上的研究仍存在缺憾。"邻里守望"是否能够看作是一种现代意义上的社区志愿服务活动，甚至仅仅是一种社区综合服务形式，仍然是值得讨论的。作为劳动意义上的志愿服务，其存在的价值不仅仅是缓和人与人之间的关系，更是需要通过规模化、规范化和精细化来实现更广范围的社会价值。"邻里守望"并未将组织化作为其必要条件，而恰恰志愿者通过参与志愿服务组织所开展的社区志愿服务活动，方能体现出"志愿服务"的组织化特征。因此，志愿者个人所从事的无偿服务以及邻里之间的个体互助，还难以获得国际社会和学术界的普遍认可。如何清晰地定义"社区志愿服务"，或者达成某种共识，是当前社区志愿服务发展的前提条件之一。同时，积极推动"社区专业至善""互联网志愿服务"等中国特色志愿服务品牌的建设，也亟待基础研究的支撑。

基础研究不足造成了社区志愿服务相关数据资料的不足和混乱，导致社会调查缺乏宏观与微观的有效结合。从政策发展和社会需求的角度看，社区志愿者数量、社区志愿服务组织数量和社区志愿服务时间都是基础性的数据。只有在这些数据的基础上，志愿服务参与率、活跃志愿者数量和社区志愿贡献价值的计量才会成为可能。

（五）社区志愿服务的规范管理以及服务者的专业化程度不够

我国社区志愿服务的实践中，在探索怎样借助于相对规范而成熟的管理体制，尤其是依托于一定的法律规范，来对社区志愿服务施以有效的社会管理方面所进行的工作和努力，还是很不够的，体制和机制的建构自然也较为欠缺。社区志愿服务者群体缺少必要的培训、指导和激励，服务者自身的专门知识和专业化技能都有欠缺，这在很大程度上制约了社区志愿服务的正常开展、规范运作和长久坚持。

二、中国社区志愿服务发展趋势分析

习近平总书记指出："党的十八大以来，广大志愿者、志愿服务组织、志愿服务工作者积极响应党和人民号召，弘扬和践行社会主义核心价值观，走进社区、走进乡村走进基层，为他人送温暖、为社会做贡献，充分彰显了理想信念、爱心善意、责任担当，成为人民有信仰、国家有力量、民族有希望的生动体现。"①"雷锋精神、人人可学，志愿服务、处处可为"的常态化志愿服务已经成为志愿服务事业发展的主流，志愿者参与人数不断增多，志愿服务项目管理越来越精细、越来越规范。多元化的志愿服务保障体系更加科学，广大志愿者参与志愿服务的热情空前高涨，志愿服务事业发展迎来新的机遇。

在新时代的背景下，志愿服务事业面对许多新形势，出现了许多新任务，展现出新的发展趋势、新的发展方向。

（一）组织发展趋势

所谓"共同生产模式"是指社区志愿组织积极参与各种公共服务的过程。共同生产模式的主要优点有两方面：一是结合了志愿组织的力量致力于公共事务的管理，可以在不增加经费预算的情况下，增强政府提供公共服务的效能。二是为社区志愿者提供了更多参与公共事务的机会。

"共同生产模式"也就是目前普遍存在的两种说法"政府推动，民间运作""政府购买服务"，共同生产模式之所以成为我国社区志愿服务发展的必然趋势，是因为我国进入社会结构的转型期，社会呈现出人口老龄化、家庭小型化、社会问题复杂化、人们的需要多样化等特征，按照目前一般社区的工作方式，居委会难以负担如此复杂多样社区服务，所以政府购买服务是必然的选择。此外还由于在基层社区工作当中，政府充当着既是裁判员又是运动员的角色，很难评估公共服务的成效。在公民社会的建设过程中，政府一方面需要从繁杂的事务当中解脱出来，拿出更多的精力进行政策法规层面的建设与完善，进行宏观管理、监督、指导与评估；另一方面政府的财政支持可以使社区志愿组织摆脱自筹经费发展的窘境，同时专业化的社区志愿组织的介入，还可以提高社区服务的品质。

（二）专业化发展趋势

新时代专业化是志愿服务事业发展的重要趋势和必然要求。专业化的志愿服务要求更多地发挥个人的专业智慧和经验，服务于公共利益，更好地解决社会问题。进入 21 世纪后，志愿者队伍的年龄结构、受教育程度等发生了很大变化。尤其在经济发达的城区，开放的社会文化背景和多元价值理念，对志愿者理念推广、志愿者队伍管理、志愿服务活动筹划与实施，以及志愿服务成效评估等，都提出了新的挑战。相对应的志愿服务对象、形式也呈现需求多元、

---

① 习近平. 习近平致信祝贺中国志愿服务联合会第二届会员代表大会召开 [N]. 光明日报，2019-7-24.

层次多极、类型多样的发展趋势，如青少年、老人、家庭等领域的服务需求，居民互助的社区服务日益提出了专业化服务的新要求。同时，随着志愿服务精神在社会的广泛传播，大批各个领域的专业人士参与到志愿服务活动中来①。

志愿服务专业化发展局面正在逐渐形成，具体表现在专业志愿服务力量和专业人才两个方面。由于社会生活中志愿服务的需求多种多样，专业志愿服务组织逐渐涌现，专业化的志愿服务项目也随之应运而生，专业志愿服务已经成为志愿服务的新潮流，越来越多的组织、企业和团体都以各种方式参与进来。目前专业志愿服务队伍和项目俨然已经成为新时代背景下，中国特色社会主义志愿服务整体事业的重要组成部分，并将长期存在于未来志愿服务事业发展之中。志愿服务专业人才一方面指的是专业志愿服务队伍，是用专业知识技能无偿帮助公益组织开展项目，提供咨询、培训和教练的服务。志愿服务专业人才另一方面指的是通过培训教育、交流沟通、实践模拟，不断提高志愿服务的专业水平的人才。高素质、专业化、正规化的志愿服务人才队伍，不仅提高了志愿服务效率，而且增强了新时代背景下志愿服务的凝聚力和感召力，推动了志愿服务事业的专业化发展态势。

（三）信息化发展趋势

信息化是推动社会发展的重要力量。没有信息化，就没有现代化。人类社会已经进入信息化时代，正在开启一个智能时代。志愿服务也顺应这一历史发展潮流，在其事业发展的各个环节中，也呈现了信息化的发展势头。"志愿北京"信息平台的运用、志愿 APP 的不断涌现等等，都是现代化的信息手段在志愿服务领域得以推行的表现，大大节省了志愿服务管理的流程和成本，方便了志愿者参与服务。很多志愿服务组织通过网络收集各大型活动的志愿者信息，为他们建立志愿者档案，共享志愿服务的资源。在政府需要招募大量志愿者的时候，志愿服务组织可向政府提供志愿者的电子档案，这就节省了重新征集培训志愿者的时间，还在一定程度上确保了志愿服务的质量。同时，通过电子网络、志愿 APP 等电子信息系统，志愿者可以和政府部门、民间团体互换信息，协调行动。通过信息化的手段，志愿者可以参加跨国家跨地区志愿服务组织，实现志愿服务的时空线性化、地域一体化。

另外，信息网络的共享性、交互性、广泛性等优势有助于对参与志愿活动的人力、物力资源等进行优化整合，从而最大限度地发挥志愿者组织的潜能与价值。志愿服务的信息化已经成为新时代志愿服务最有发展前景的一种方式。

---

① 　陆士桢．中国特色志愿服务概论［M］．北京：新华出版社，2017：304．

（四）学术化发展方向

在全球化迅猛发展的今天，志愿服务发展的水平和速度越来越快，面对我国全面建成小康社会和实现中华民族伟大复兴的新要求，回顾中国志愿服务的发展历程、总结经验、探索前路，成为推动当代社会志愿服务事业发展的一个非常重要的问题，国内学者也纷纷启动了志愿服务基础理论研究的新征程。经过多年的努力和研究，志愿服务的学术化研究主要集中在以下两方面，并且有逐渐扩大和细化的发展趋势。一方面是关于志愿服务的学术著作和论文研究。另一方面，为了有效地团结青年教育青年，全国各级共青团组织发布了大量有关青年志愿者行动的调研报告和经验总结等文献。志愿服务在学术界的探索和研究，不仅说明志愿服务呈现蓬勃发展的态势，而且作为经验的总结和传承，对于后续志愿服务的开展将会提供重大的参考和借鉴。

（五）国际化发展趋势

在全球一体化的大背景下，信息传播速度加快，交通异常发达，这就为志愿服务跨地区的交流与合作提供了基础和可能。志愿活动已不再是仅仅提高公众参与社会活动的意识和能力，而是朝着使公众了解不同的文化内涵和风俗习惯，促进人类和平、稳定、发展的国际化趋势发展。

在与国际志愿服务交流的过程中，我们坚持"引进来"和"走出去"相结合，尤其是近几年借助重大国际活动在我国举办的契机，我们积极"走出去"，推动了志愿服务事业的国际化发展趋势。在"引进来"方面，比较典型的是"通过2008年北京奥运会促进中国志愿服务发展"项目，该项目是北京团市委、北京市志愿者联合会、北京奥运会志愿者工作协调小组办公室与中国国家经济技术交流中心、联合国开发计划署、联合国支援人员组织于2007年共同签署的国际合作项目，项目签署以来，合作各方互信互惠，互通有无，真诚合作，协力共进，成功实施了各项工作任务，促进了北京乃至中国志愿者与志愿服务项目管理能力、组织动员能力以及创造志愿服务机会的能力的提升。

近几年，在志愿服务"走出去"方面，我们进行了积极的探索，取得了良好的国际效果，如"中国青年志愿者海外服务计划"已经成为常态化运行的国际志愿服务项目，该项目由共青团中央、国家国际发展合作署共同组织实施，主要是通过公开招募、自愿报名、集中选拔的方式，选派中国青年志愿者到国外开展为期半年至两年的汉语教学、体育教学、医疗卫生、信息技术、农业技术社会发展等领域的志愿服务工作。

志愿服务发展的国际化趋势对于促进国与国之间的交流与合作，改善社会贫富差距，维护世界和平起到非常重要的作用。

第五章　企业志愿服务理论与管理研究

近年来，企业社会责任问题得到越来越多的关注，除了外资企业，国内企业也逐渐将企业志愿服务纳入企业的团队思想建设工作，积极响应习近平总书记建设新时代，为人民谋幸福，为民族谋复兴的总目标。本章对企业志愿服务理论与管理问题进行了分析与探讨。

第一节　企业志愿服务的概念与现状分析

一、企业志愿服务的概念

企业志愿服务又称员工志愿服务，国际上，波士顿学院企业公民中心将其定义为：企业组织员工利用时间、资源、技能为社区提供非营利、无偿、非商业的福利性服务。在国内，《中国企业志愿服务发展报告》将企业志愿服务界定为，由企业提供资助和项目支持，鼓励并允许员工参加社区志愿服务活动。企业志愿服务包含的内容广泛，涉及残疾人帮扶、老人关怀、环境保护、灾难援助、基础教育、扶贫等多个领域。

二、企业志愿服务的特点分析

第一，作为志愿服务的重要组成部分，和企业捐赠不同，企业志愿服务需要志愿者"利用时间，为社会提供志愿无偿的服务"。企业志愿服务的领域和其他志愿服务的领域相同，涉及扶贫、环保、助老助残、基础教育、社区服务等各个方向。大多数企业会根据企业性质和特点在某一方向和领域长期开展志愿服务。

第二，企业志愿服务又有着自身的特性，企业志愿服务最大的特点是由企业发起，统一组织并提供相关支持而最终进行的一种服务，强调实施志愿服务的主体是企业和企业员工，它是企业参与公益，帮助解决社会问题的重要方式。此外，企业志愿服务往往利用员工自身的专业能力开展技能型志愿服务，因此会带来更高的社会效益。

企业志愿服务是企业社会责任的重要组成部分，是企业履行公民责任的一种重要方式。无论对于社会问题的解决还是企业自身持续性发展，都有着弥足轻重的作用。

三、企业志愿服务的现状分析

（一）企业志愿者的志愿服务意识不强

企业志愿服务的提供者多为企业员工志愿者，一般由内部职工组成。由于所参与的志愿服务也多为企业领导安排，这就导致他们常常会将工作和志愿服务模糊不清，甚至会带着负面情绪开展志愿服务，相比于志愿服务的内容和质量，企业志愿者更计较个人的得失和奉献，觉得这是企业绩效考核的一部分。部分公众反馈对企业志愿服务持保留意见，也认为企业志愿服务秀场为多，实质服务偏少。也有少数认为企业志愿服务就是发宣传单，发小礼物。志愿服务虽然是免费无偿服务，但是也需要有服务的反馈。这一点常常被企业忽略。这就容易导致企业和公众双方连接较弱，服务者和被服务者都不满于企业志愿服务。

（三）企业志愿服务的激励机制不健全

企业当以经营主营业务为主，只有保证经营业绩的基础上，才有余力开展志愿服务。龙头企业实力雄厚，也愿意开展企业志愿服务活动，然而由于不熟悉志愿服务的管理，对于志愿服务以及志愿服务者评价环节的缺失，导致企业志愿服务的效果不甚理想。因为大部分人认为志愿服务就是无偿、免费，企业和服务者本人都直接认定志愿服务者需要自己承担交通、食宿和活动所需物资，以及过程中可能产生的风险。企业志愿服务组织者仅仅是事后登记服务的工时或者颁发荣誉。缺乏有效评价和激励机制的企业志愿服务，会让员工没有归属感、价值感。

（三）没有专门的负责管理志愿服务事务的部门

企业志愿服务是企业运营的拓展，但缺少专门的部门负责管理志愿服务事宜。国内企业普遍认为志愿服务是与主业无关的服务活动，为彰显服务的纯粹性，往往人为与主业分离。这导致企业志愿服务与企业关联度低，活动临时性较多，以至于对企业生产经营和志愿服务活动没有起到良好的互动作用。

（四）企业志愿服务活动与相关人员的专业技能匹配性不高

企业的一大优势在于可以发挥专业技能，提供专业性的志愿服务。《志愿服务条例》中也提出，"国家鼓励和支持国家机关、企业事业单位、人民团体、社会组织等成立志愿服务队伍开展专业志愿服务活动，鼓励和支持具备专业知识、技能的志愿者提供专业志愿服务"。然而，有相当一部分企业还是以基础性志愿服务为主，活动内容大多是探望敬老院、探望孤儿院、捡垃圾、捐衣服等，与企业的业务、专业知识几乎毫无关系，无法发挥企业的优势。从这一点上也可以看出，企业对志愿服务投入的精力有限，缺乏思考和创新。志愿服务以基础性为主、服务于次要利益相关者、与业务关联度低、缺乏创新性，这与企业的重视程度低都有关联。志愿服务与业务关联度低难以发挥企业的专业优势，从而对企业竞争优势的影响也会减弱。

（五）不少企业志愿服务与《志愿服务条例》不匹配

《志愿服务条例》的颁布实施标志着志愿服务上升到一个更高的维度，在制度推进以及规范和约束方面对志愿服务提出了更高的要求。其中对志愿服务组织安排志愿者参与志愿服务活动、对志愿者开展相关培训、志愿服务组织应当如实记录志愿者的志愿服务情况等信息，以及开具志愿服务记录证明等方面做出相应的规定。《志愿服务条例》的实施是为了保障志愿者、志愿服务组织、志愿服务对象的合法权益，鼓励和规范志愿服务，发展志愿服务事业，培育和践行社会主义核心价值观，促进社会文明进步。企业组建的志愿者协会也属于志愿服务组织范畴，因此，在发展志愿服务事业的同时，一方面应当根据《志愿服务条例》的相关规定来开展志愿服务活动，另一方面应当十分注重对员工志愿者进行相关政策的培训普及。

但是，有部分企业的志愿者协会注册使用的情况并未满足要求。首先，志愿服务平台不统一，国内现有志愿中国、志愿北京、中国青年志愿者网等多个平台，平台之间各自独立，数据不互通，使用存在不便。其次，志愿服务平台与企业的信息系统无关联，因此使用意愿不高。最后，企业使用志愿服务平台主要就是记录活动和志愿者服务时长，平台的作用没有得到充分发挥。然而有些企业会认为企业志愿服务是企业内部的事，没必要记录时长；有的企业认为平台不够便捷，员工使用网络设备的机会较少，注册、记录也存在困难。企业员工参与志愿服务活动仍有大部分没有收到过志愿服务时间证明的相关证书。

随着《慈善法》和《志愿服务条例》的正式实施，对志愿者实名登记、记录志愿者的服务时间等是法律法规的必然要求，企业组织员工参与志愿者活动必须要注意规范志愿者服务时间的记录，并根据志愿者要求，无偿、如实出具志愿服务记录证明，否则可能违反法律法规的规定。

四、企业志愿服务存在问题的解决之策

（一）改变服务意识

要做好企业志愿服务工作，首先需要改变服务意识。只有企业全员正确认识志愿服务，自主具备服务意识，才能做好此项工作。针对企业志愿服务，也要和经营项目一样，作为企业的重要工作，开展项目全过程管理。从志愿服务项目的设计、到服务内容、服务对象的确定，具体活动的执行，构建融合志愿服务意识的项目管理制。企业在进行业务管理过程中，融合志愿服务意识，可降低对社会公众的干扰，以更融洽的沟通方式来进行服务。

（二）建立完善的企业志愿服务激励机制

人们通常认为志愿服务是自愿无偿服务、无任何报酬，这种观念忽视了激励。殊不知，恰当的志愿服务激励会激发大家的服务热情，并留住人才。在调研中发现，当前企业志愿者存在动力不足等情况，毕竟志愿服务需要占用部分工作时间或私人休息时间。另外，也会对本职工作造成一定的影响，需要志愿者本人去克服。为激发员工志愿者更好地参与志愿服务，甚至提升业务水平。企业有必要对员工志愿者进行激励和精神性奖励。鼓励员工志愿者以志愿服务换志愿服务，以志愿服务获得提升学习的机会，对于表现突出者予以公开嘉奖。有条件的情况下，也可以建立企业志愿服务时间银行，增强员工的自助互助。

（三）对业志愿服务组织运营机制予以完善

一套好的组织运营机制是企业志愿服务有效开展的重要保障，可以让服务的价值事半功倍。由于一般企业涉及大部分多头参与志愿服务，建议安排专人负责某个项目，各部分抽调成员作为项目团队的一份子，开展工作。当前，企业将志愿服务主要分为四类：大型赛会志愿服务、应急志愿服务、社会公益服务、社区志愿服务。大型赛会志愿服务主要是为政府或部门主办或承担的重要会议、活动和大型体育赛事等提供志愿服务。此类活动有利于企业志愿者集体风采展示，可以适当参与。社区志愿服务主要是指围绕社区建设、居民服务开

展的志愿服务，具有广泛性和普遍性。此类活动主题丰富，可以将决定权交由企业志愿者个人，让大家来思考和设计。应急志愿服务是指在预防和应对自然灾害、事故灾害、社会安全事件等各种突发事件时开展志愿服务，此类活动建议除企业自身具有专业优势的外，以捐款捐物为主，非专业人员的参与往往还会增加原来工作的复杂度。

（四）构建志愿服务监督评价体系

企业志愿服务对企业文化的传播，企业团队的建设有着极其重要的作用。一些龙头企业实际有所作为却被误评价为"作秀，不做实事"，部分原因还是在于企业自身对志愿服务的信息披露不够全面。企业可以利用新媒体和企业自建平台，进行企业志愿服务信息的持续披露，长期跟踪报道企业志愿服务动态，并及时更新；与此同时，为公众提供志愿服务信息提供反馈途径。这样，不仅有助于社会公众对企业志愿服务的效果、内容、机制等有进一步的了解和参与，监督企业志愿服务；也有助于侧面激励企业更加关注志愿服务，以获得更好的社会评价，得到价值认可。在志愿服务监督评价体系上，也可以聘请社会第三方机构进行系统评估诊断，通过权威报告对外披露企业社会责任意识。

第二节 企业与志愿服务之间的关系解析

一、企业是推动志愿服务发展的动力

在志愿服务发展过程中，企业所发挥的作用越来越大，并形成了企业志愿服务这一新兴的志愿服务类型。企业凭借自身的特点和优势，为志愿服务的发展提供了多方面的支持，有力地推动了志愿服务的发展。

（一）是志愿服务发展重要的资金来源

开展志愿服务活动是有成本的。从志愿者的招募、志愿者的培训，到志愿服务活动的开展，各个环节都需要一定的甚至大量的资金支持。企业作为一个具有盈利能力的市场主体，能够为志愿服务活动的开展提供强有力的资金保障。当前，越来越多的企业重视开展志愿服务活动。有的企业设立了专门负责志愿公益事业的部门，并制定资金投入计划，确定公司每年投向社会公益事业的资金额度。有不少企业还将用于公益事业的经费与公司的经营业绩挂钩。这种企业考核也为志愿服务提供了重要的资金保障。

企业为志愿服务发展提供资金支持，主要有两种方式：一是在企业内部成立企业志愿服务组织，每年向志愿服务组织提供一定的资金支持；二是企业采取赞助的形式向志愿服务活动项目提供资金支持，这些志愿服务活动项目可以是企业内部的，也可以是企业外部的。可以说，企业为志愿服务的发展提供了重要的资金来源。

(二) 为志愿服务发展提供管理理念，且让理念体现在志愿服务的过程中

企业，尤其是大型企业，一般都具有比较先进的经营管理理念。志愿服务活动与企业经营活动一样，要取得良好的成效，同样需要先进的经营管理理念进行指导。企业支持或参与志愿服务活动，为志愿服务发展提供了先进的管理理念，并集中体现在企业志愿服务的发展过程中。不少企业将专业的经营管理理念引入企业内部的志愿服务活动组织、策划、开展过程中，有效地减少盲目性、随意性，提升了企业志愿服务活动开展的目标性、规范性。

当前，不少企业设立专门的机构负责统筹、规划、管理和运作企业的志愿服务活动。例如，国家能源集团高度重视包括志愿服务在内的企业社会责任工作，设立专门社会责任管理的部门，统筹推进社会责任工作，并依托国家能源集团公益基金会，着力打造爱心行动、爱心书屋、爱心学校、爱心助学四大品牌公益项目。此外，ABB（中国）公司的可持续发展事务部主要服务于公司企业社会责任方面的工作，同时负责企业内部的志愿服务活动；英特尔（中国）有限公司的志愿服务活动由公司的法律及企业事务部负责开展实施；微软（中国）公司是由公司事务部来负责企业志愿服务活动；等等。这些举措为志愿服务发展提供了先进的管理理念。同时，企业将志愿服务发展的规划和前景同企业的战略规划紧密联系起来，更有助于规范并推动志愿服务活动的发展。

(三) 丰富了志愿服务活动的人力资源

随着志愿服务的快速发展，我国参与志愿服务的人群越来越多元化，为志愿服务的发展不断注入新的力量。企业组织开展志愿服务活动，在一定程度上丰富了志愿服务活动的人力资源。

企业志愿者大多是公司的在职员工，他们普遍年轻化，年龄基本在 25 ~ 40 岁之间，充满朝气且活力充沛，年龄上的优势保证了志愿者能够有足够的精力和热情投身志愿服务活动。同时，企业的志愿者基本上是大学本科或本科以上学历，经过高等教育的训练，他们知识丰富，接触面广，且拥有专业的知识技

能，各个方面的能力都较强，素质也比较高，因而能够很好地参与志愿服务活动，并在志愿服务过程中提供专业化的支持。

除了发动企业内部员工参与志愿服务活动，一些企业还充分发挥本企业的客户资源优势，带动客户参与志愿服务，使志愿服务活动参与主体更为多元化，带来更多的理念和资源。例如，宝马志愿服务团队在招募志愿者时会招募宝马车主、宝马经销商和社会爱心人士，鼓励他们积极参与志愿服务活动，从而使志愿服务的参与主体更加多元化。

二、志愿服务对企业健康发展有重要意义

企业积极组织开展或参与志愿服务活动，既是适应社会形势发展的需要，也是推动企业自身可持续发展的需要。可以说，志愿服务对企业的健康、持续发展具有非常重要的意义。

（一）能帮助企业树立良好形象

在当前激烈的市场竞争中，谁能赢得消费者的信任和支持，谁就在竞争中占据优势。一个企业社会形象的好坏，能够决定企业的发展状况和前景。可以说，良好的社会形象是企业生存的重要法宝。企业组织员工参与志愿服务，能够在志愿服务过程中向社会展示企业的精神风貌，并将企业本身的理念和价值观更全面地展示在公众面前，在服务大众、服务社会的过程中，赢得社会大众的肯定和赞扬，让人们对企业整体产生更为直观的认识，从而提升自身的社会形象。同时，一个公司将社会基本价值与日常商业实践、运作和政策相整合的行为的好坏，其是否具有强烈的社会责任意识，已成为社会对其企业形象的重要评判标准。而志愿服务是帮助企业履行社会责任的重要途径。

因此，企业通过开展志愿服务活动，为需要帮助的人或地区提供无偿的支持和帮助，履行肩负的社会责任，为社会发展做出相应的贡献，能够获得更多的支持和认可，为企业树立一个具有强烈社会责任感的形象，促进企业自身的发展。

（二）能帮助企业加强企业文化建设

一个好的企业文化，能够推动企业在产品生产、销售领域的发展，进而提高企业的发展水平。志愿服务活动的开展是以志愿服务精神为思想动力的。志愿服务所提倡"奉献友爱、互助、进步"精神同样也是企业发展需要的精神文化要求。企业组织员工参与志愿服务，能够帮助员工在志愿服务活动过程中体会和践行志愿服务精神。

员工通过参与志愿服务活动，服务社会、回馈社会，将有助于他们更深刻地理解企业的文化理念和社会责任意识，加深对企业文化的认识和认同，并在认同企业文化的基础上，将自身的价值观念和企业的价值观念统一起来，使企业文化不断得到巩固和加强。此外，企业员工通过参与志愿服务活动，有助于在活动的组织和开展过程中增强员工之间的了解，深化员工之间的合作关系，营造企业内部和谐的工作氛围。

可以说，企业开展志愿服务有助于丰富企业文化，进而不断加强企业文化建设，增强企业的凝聚力和向心力。

（三）能为企业员工提供展示能力的平台

企业组织员工参与志愿服务活动，能够为员工提供一个发挥个人才能、锻炼个人能力的平台，从而促进企业员工的发展。主要表现在以下几点。

一是能够丰富员工的精神生活。参与志愿服务是员工实现自身社会价值的有效途径之一。企业组织员工参与志愿服务，为具有志愿服务热情的员工提供了广阔的平台，满足了员工实现自身社会价值的需求，丰富员工的精神生活。

二是扩展员工知识面，提升个人能力，拓展社会视野。企业组织员工参与志愿服务活动，让员工能够有更多的机会接触企业之外的领域，如支教、环保、社区服务等，在从事各个领域的志愿服务活动过程中，增加员工对社会生活各个方面的认识，开阔视野，并在活动过程中学到更多非专业的知识和能力，从而得到更加全面的锻炼和提高。

三是使员工获得展现才能的平台。在生产经营活动中，员工所展现出来的更多是技术、销售等方面的业务才能。企业组织员工参与志愿服务活动，使员工除了运用自身所具有的专业技能外，还能根据活动的需要来展示自己在活动组织、策划方面，以及在其他才艺、沟通技能方面的能力，有助于激发员工不断发展，不断进步的热情和积极性。

第三节　企业志愿者组织的管理

一、从个体出发——企业志愿者的管理

企业志愿者管理主要包括以下几个方面的内容。

（一）按照相关制度制定志愿者管理办法

在企业志愿者组织成立之初，应按照相关的法律规章和企业管理制度制定一系列的志愿者管理办法，例如，注册志愿者档案管理制度、志愿者培训上岗制度、志愿者培训考核制度、志愿者评级制度、出勤管理制度、服务对象档案管理制度、安全保障制度等。完善的管理制度，可以充分调动志愿者的积极性，全方位提高志愿服务的水平、质量和层次。

（二）让愿者管理系统接入企业信息管理系统

企业志愿者组织的志愿者主要由企业员工构成，员工之间相互熟悉，团队合作能力相较于一般志愿者组织的志愿者而言，具有天然的基础。但是企业志愿者组织的志愿者来自企业内部各个部门、不同岗位，所以有计划、全局地管理一个志愿者项目就显得极为重要。从企业的角度，效率对管理的各方面而言都是关键，而将效率最大化的方式是利用好志愿者管理工具。

大多数企业内部都拥有自己的信息管理系统、网络平台等，企业志愿者组织要善于利用好这些平台，或者是在其基础上开发出专门的志愿者管理软件。一般志愿者管理软件会涵盖志愿者在线注册、信息交流、志愿者服务时长记录、志愿者档案记录、在线任务协作等功能。目前的互联网科技足以实现在线管理模式，运用这些软件可以帮助志愿者管理团队减轻很多后勤压力，从而把宝贵的时间和精力放在真正重要的事情上——志愿服务本身。

（三）建立长期的志愿者关系

为了维系企业志愿者组织的常态化发展，保证志愿服务的持续性开展，仅招募一次性的志愿者是远远不够的，而且这也有违企业开展志愿服务的初衷。因此企业志愿者组织作为协调组织方，就需要找到一种方法来长期进行志愿者招募并维系与企业员工志愿者之间的关系。

如何建立这种长期的志愿者关系？实践经验表明，强调志愿者的参与度是行之有效的办法。例如，通过企业的网站和社交媒体发布志愿服务资讯并强调员工志愿者的参与和付出，让员工志愿者感觉到他们的付出得到了重视。同时，应在员工参与志愿服务之后及时地向他们反馈信息，并表明在他们的参与和帮助下所达到的成效。当员工志愿者看到在他们的帮助下，受助对象或是服务社区获得了改善，会让员工志愿者很乐意再次，乃至持续地参与志愿服务。此外，维系志愿者的另一关键是获取志愿者的反馈。企业志愿服务的开展离不开员工志愿者这一主体，所以了解员工志愿者心态，获取他们对参与企业志愿服务的反馈就十分必要。作为志愿服务的组织管理方，应该花更多的心思与员工志愿者进行沟通，获取他们志愿服务项目的兴趣点以及意见和建议。通过诸如此类的沟通了解，有意识地与员工志愿者保持良好的、常态的协作关系，让员工志愿者对志愿服务始终保持热情。

（四）对志愿者的表现予以激励和表彰

志愿者是怀着奉献爱心和志愿精神动机参与志愿服务，他们摒弃了职业场所的利益计较，但并不等同于说员工志愿者就不需要激励。员工志愿者在提供志愿服务的同时，也希望获得自身利益、需求的满足，实现自己的人生追求或职业发展追求。所以在员工志愿者管理中的最后环节就是要有计划地感谢志愿者所提供的帮助，并对优秀的志愿者进行激励和表彰。企业志愿者协会对员工志愿者的回馈形式多样，例如为志愿者提供更多的参观交流、人脉拓展的机会；在企业官方社交媒体、官网或某次活动中对志愿者进行公开的表扬；为员工志愿者提供一些奖励，如颁发证书和独特的物质奖励等；组织一个统一的致谢表彰活动；推荐参与企业内部或政府组织的"社会榜样"之类的评选等。此外，越来越多的企业把志愿服务激励机制纳入本企业的人事管理制度和员工培养体系，例如设置带薪志愿服务假期，安排专业社会工作技能培训。

二、从整体出发——企业志愿者组织的管理

企业志愿者组织的管理是一项十分重要的工作。志愿者协会的管理水平直接决定了企业志愿服务活动的效率、效果以及员工志愿者的满意度。

（一）建立清晰的组织结构和管理体系

企业志愿者组织与其他志愿者组织一样，为了实现有效的管理，需要建立清晰的组织结构和管理体系。组织结构是企业志愿者协会流程运转、部门设置及职能规划等最基本的依据，是组织决策权的划分体系以及各部门的分工协作体系。

企业志愿者组织成立之初就需要根据其自身的规模和实际情况来建立组织结构，并明确划分各职能部门或团队的职责。企业志愿者组织一般由决策层（团队）、管理层（团队）来履行管理的职责。

1. 决策团队职能

决策团队是企业志愿者组织中最高的领导层，即企业志愿服务管理委员会或理事会，一般由会长来具体负责。负责制定协会的使命、策略方向以及制定相关的运作方案，把握企业志愿者组织的整体发展方向，以及完善协会的管理制度，使各项志愿服务工作得以落实。

2. 管理团队职能

企业志愿者组织主要由管理团队负责直接管理和运作。企业志愿者组织根据业务需要设立相关职能部门来实现组织的运作，基本应包括秘书处、项目、传播和综合行政等部门，由秘书长具体协调。

秘书处：企业志愿服务活动的执行机构，在志愿者组织负责人的领导下，开展志愿服务项目的策划、执行、结果验收和评估等全流程管理。

项目部门：负责策划、拓展志愿服务项目，负责项目的执行和协调协会相关工作。

传播部门：负责对外联络，与其他利益相关方进行活动项目的洽谈，以及协会内部和外部之间的交流。

综合行政部门：负责志愿者组织的财务、行政等工作。

总而言之，设立高效、合理的组织管理框架，有利于企业志愿者组织管理的有序进行；促进协会成员之间的联系和沟通；促进协会成员之间的合作与互助，从而实现企业志愿者协会的长远发展。

（二）运用制度化建设规范企业志愿者协会的管理

企业志愿服务活动需要消耗志愿者自身的精力、活动必要的人力、管理成本等，所以在管理模式上可以借鉴现代组织管理模式，运用制度化建设来规范企业志愿者协会的管理。制度化管理是实现企业志愿者协会日常管理的必然选择。一个组织想保持有条不紊的运作，清晰的管理制度是必不可少的。通过各项制度的制定，志愿者组织可以更好地协调企业内部成员的思想意志，保证组织的使命、愿景的实现。保障志愿服务活动的有序性、规范性和各项工作的延续性。企业志愿者组织制度化管理的基本内容应包括以下几个方面。

1. 志愿者招募制度

对于企业志愿者组织而言，号召一批有爱心、负责任、肯奉献的员工志愿者是志愿者组织走向成功的重要保障。如果没有良好的志愿者招募、注册管理制度，员工志愿者就很难正常参与志愿服务工作。

对于企业志愿者组织来说，规范的志愿者招募制度一方面要符合《慈善法》《志愿服务条例》等国家法律规范的要求；另一方面，要符合企业现行的人力资源管理制度。一般而言，企业志愿者招募制度包括志愿者注册、招募程序、管理培训的相关规则，以及对志愿者的基本条件、权利和义务的规定，还应包括志愿者的权益保障、制度保障等基本条款。

2. 档案管理制度

志愿者的档案管理是志愿者组织内部最为重要的一项工作。志愿者在申请成为志愿者之时一般需要填写个人登记表，其中应该详细包括申请人的个人信息、志愿意愿和专业技能等。把这些信息分门别类地加以整理，就可以在开展志愿服务开始前，优化志愿者分工。

从经验来看，志愿者档案内容管理一般包括志愿者编号、志愿者基本情况、服务时长记录等，每个志愿者的档案最好分档案袋编号管理。

目前，更多的企业志愿者组织正逐步开发志愿者电子信息管理系统，这将在极大程度上优化志愿者档案管理和志愿者服务记录管理。

3. 财务管理制度

企业志愿者组织开展志愿活动的经费来源于企业的财务预算，也有一些成立自己公益基金会的企业，通过基金会的模式来运营自己的员工志愿服务项目。财务制度的健全，可以增加透明度，提高志愿者协会的公信力，可以保证各项费用的合理开支。企业志愿者组织的财务管理制度要严格遵守《中华人民共和国会计法》《社会团体登记管理条例》《基金会登记管理条例》《民办非企业登记管理条例》《民间非营利组织会计制度》等国家法律法规。

一般而言，企业志愿者组织的财务管理制度包括预决算管理、支出管理、票据管理、货币资金管理、资产管理以及会计档案管理等。

4. 项目管理制度

志愿服务项目管理是指通过与利益相关方合作，将各种资源、知识、技能、工具等应用于项目活动中，以满足社会需求，达到公益和发展目标的过程。企业志愿服务项目管理是指企业志愿者组织为了实现其宗旨，通过项目申请的形式获取资金、人力等社会资源，优化配置所获得的资源，有效地组织、计划、控制项目的运作过程。

一般而言，企业志愿服务项目管理包括项目过程管理、项目团队管理、项目沟通管理、时间管理、目标管理、变化管理和成果管理等。

5. 志愿者激励制度

针对志愿者的激励制度是企业志愿服务可持续发展的保证。志愿者激励制度，指的是在参与志愿服务活动后，依据志愿者参与服务时间及志愿服务贡献的不同，对优秀志愿者进行物质奖励或奖项表彰的制度标准。

一般而言，志愿者的激励包括物质激励和精神激励两方面内容。也因此，企业志愿者激励制度包括物质激励制度和精神激励制度。针对物质激励制度，企业需要规定不同志愿服务时长下相应的物质奖励内容；针对精神激励制度，企业需要设定志愿服务奖项，并设置相应的给定标准。

6. 品牌管理制度

企业志愿服务的品牌管理制度为企业开展志愿服务提供了推广宣传保障。制定品牌管理制度的宗旨是加强企业志愿服务的品牌建设，提升员工的品牌观念和意识，不断提升企业志愿服务品牌的社会影响力。如：企业建立微信公众号推广制度、企业官网推广制度。除了内部宣传外，企业一般会选择媒体进行对外传播，因此品牌管理制度也涉及外部媒体联络制度等。

第四节　构建志愿服务良好生态与发展机制

一、构建志愿服务良好生态与发展机制的理论基础

（一）认识志愿服务发展机制

关于志愿服务发展机制，即是指在志愿服务这种人类社会特有的人与人、人与自然、人与社会的互助交往行动中，不同要素间所具有的结构、功能、关系，以及这些因素相互产生影响、发挥作用的过程和作用原理及其方式。

（二）社会生态环境的变化会影响到志愿服务的质量和取向

志愿服务不是孤立的社会活动，它与政治、经济、文化等社会生态要素相互依存、相互作用。在不同的社会生态环境中，志愿服务具有不同的社会功能。社会生态环境的变化会影响到志愿服务的质量和取向。

1. 社会生态分析范式

生态学的概念起源于德国，由生物学家亥格尔（E. Heackel）最早提出。早期"生态学"的概念是指，以生物为主要研究对象，围绕生物的生存环境、

生长规律和繁衍条件等为中心的学科。在此，大致可以对生态学的研究范围进行界定，即生物的自身特征与生长规律，生物与其成长的自然环境之间的关系。在生态学的视野下，整个生态系统内部各生物体间相互依赖、相互制约，内部各要素和谐平衡、有序流通，并且保持与外界诸要素的互联互通。在此过程中，生物—环境之间发生互动：一方面生物的生长改变自然环境，另一方面自然环境对生物生长施加影响，两者共同作用于生态系统的和谐稳定。

近年来，伴随自然科学与社会科学的相互沟通，生态理论引起社会科学界的关注，一些学者尝试将生态理论引入我国志愿服务发展机制的研究。例如，龚万达教授认为，自然史与人类史密切相连，建立于自然—人类相互制约、相互影响思想基础上的马克思主义物质变换论，为志愿服务生态研究奠定理论之基石。

所谓"志愿服务生态研究"，是指将生态学理论与志愿服务研究相结合，运用生态学的方法论考察志愿服务实践。由此，从生态学的基本理论出发，可以将"志愿服务生态"概括为：整个志愿服务系统内部要素之间（即"内在生态"）、志愿服务与社会环境之间（即"外在生态"）两类关系的总体状态。在特定地域和特定时刻下，志愿服务总系统和子级系统都将与社会环境发生"化学反应"；在此过程中，伴随信息交流、物质交流和精神交流等，志愿生态系统逐渐和社会生态系统相连接，最终构成比较完善的志愿服务生态系统。在生态学理论视野中，志愿服务生态系统要求志愿者团体、个体志愿者与社会生态系统间互联互通，强调志愿服务系统与周围环境的相互影响、相互生长。两种互动作用主要表现在：第一，社会生态系统为志愿服务生态系统提供实体能量，促进志愿服务生态系统的活力存在与可持续发展，在此背景下，志愿服务系统将与社会生态一起变化，以自身的变化适应环境结构；第二，社会生态系统受到志愿服务系统的影响，在志愿者的精神支撑和行动支持中，保持社会活动和有序发展，即志愿服务也在相应地改造社会环境。

2. 社会生态视角下志愿服务的社会功能探究

近年来，各地的志愿服务活动方兴未艾、蓬勃发展；广大青年在各级志愿者组织中表现十分活跃，投入极大的热情。在此过程中，青年志愿者组织逐渐被认为是共青团组织凝聚广大青年群体的重要形式。纵观各地的志愿服务活动和组织结构，可以发现志愿服务正发挥越来越积极的社会功能，扮演越来越重要的社会角色。

（1）社会动员功能

在传统社会中，人与人之间的同质化程度比较高，因此社会动员方式更多偏重于整齐划一的行政命令；在现代社会中，市场经济拓宽人们的发展空间，自由迁徙放开促进人们的流动自由，经济收入增长给予人们的选择多样，新科技革命爆发推动人们的活动更加活跃，因此，社会动员的内容和方式也发生深刻变化，变得更加丰富多元。

志愿服务顺应时代发展和社会转型，在充分尊重社会公众自主意识基础上，充分调动志愿者积极性和奉献精神，形成"人人参与、平等参与、志愿参与"的社会氛围，促进其日益成为新型的社会动员方式。不同年龄、不同阶层、不同职业的青年被组织到一起帮助他人、传递温暖，汇聚成推动社会和谐发展的正能量。由此，志愿者们在奉献中提升自我价值。

（2）社会保障功能

改革开放以来，市场经济蓬勃发展、日新月异。但是，在市场对资源配置发挥决定作用同时，市场调节的缺点逐渐暴露。市场经济刺激社会群体以个人利益为价值标准，围绕利益最大化展开激烈竞争。由此，社会群体的盲目逐利导致出许多社会弊病的产生，其中弱势群体的现象格外引人注目。面对弱势群体，各种社会力量必须共同采取措施。

首先，作为公共利益的代表，政府必须义不容辞地承担维护社会公平正义的基本职责，坚决捍卫弱势群体的利益，坚决扶持弱势群体的发展，坚决帮助弱势群体走出困境。

其次，作为公共治理的重要参加者，社会组织必须承担社会职责，通过社会组织的参与、帮助和扶持，弥补政府帮扶的不足，促进社会和谐因素的增长。具体来说，社会志愿者在志愿服务过程中，须以社会困难群体为服务对象，通过需求统计、需求反馈和需求汇总等手段，有针对性地提供多层次、多样化的社会服务；通过与政府加强合作，在政府的指导下开展志愿活动，推动社会保障体系的完善，促进社会公平正义、和谐稳定。

（3）社会整合功能

当前，实现社会的合理整合已是迫不及待的发展任务。所谓"社会整合"是指，将社会日益分离的群体和利益，进行再次连接与协调，促使各个群体和各种利益相互连通、和谐发展。

社会志愿服务活动建基于平等互助、自愿参与之上，着眼于"个人—团体"相互关照、相互满足和相互契合，团体以志愿精神为感召，动员各方社会力量。由此，志愿团体具有有效的整合社会资源的作用，充分发挥资源配置功效，一方面，有效弥补市场"优胜劣汰"配置机制的不足；另一方面，有效促进各社会阶层间的和谐融通，有效整合社会资源、化解社会问题，实际上是社会的减压阀、润滑剂。

（4）社会教化功能

中国志愿者精神被概括为"奉献、友爱、互助、进步"，八个字充分凝聚广大志愿者的内在品质和道德诉求。因为"奉献"所以快乐，因为"友爱"所以团结，因为"互助"所以力大，因为"进步"所以活力。八字精神既是中华民族助人为乐传统美德的重要体现，更是对社会主义核心价值的继承发展。

广大志愿者在志愿服务中，播撒社会爱心、传递社会正能量和加固社会和谐度，是一种精神陶冶过程，唤起并激活每个参与者、受助者内心深处的仁爱、善良等美好品质。在志愿服务过程中，广大志愿者以自己的行动筑起爱心城堡，以自己的无私奏响精神赞歌，以自己的奉献感染受助者。在爱心传递的过程中，志愿者们既给予他人温暖，更让自己获得快乐与尊重，收获社会经验、砥砺道德品质、磨练心性修养。

（三）社会生态与发展机制的关系辨析

社会是一个构造复杂的生态系统，在这个系统中，存在着诸多既各自独立，又相互依存的发展系统，它们各部分建构合理、运行有序、相互和谐会产生共同的推动力，促进社会的发展进步，反之，配载不合理，超越或是滞后于社会所提供的时空要求，这个社会就不能产生高效的运动，会引发种种矛盾，甚至出现危机。无论从历史和现实的角度看，志愿服务的兴起和发展，不仅是一个自然的过程，更是一个主动建构过程，即通过对志愿服务进行制度设计，不断完善相关政策和发展机制，从而为促进社会和谐发展、文明进步提供更有力支持。

志愿服务之所以能不断延续，能在历史发展的不同阶段扮演和发挥重要作用，一方面，它的产生必定与历史的一定时代相结合，反映着社会的需求和民众期待，才能获得生存和发展条件。另一方面，志愿服务的蓬勃发展也是一种生态过程，它与整个社会脉搏共同构成一个发展系统。随着生产力和生产方式的提高，随着社会的发展进步，它的能量也会随着环境系统的变化而凸显其价值，特别是如今越来越多的人将参加到志愿服务行列中去，作为生活方式的一种选择，其实这正是生命系统的重要特征。当对志愿服务进行系统考察就会发现，只有将当代中国的志愿者、志愿组织与志愿活动的成长作为一个生命体，作为一个生态系统加以考量和认识，才能找到它的生存依据，才能看到它的历史作用，才能得出一个客观准确的结论。

对所谓发展机制的研究其实就是对其运行机理和效率的探究，简单说是对其运行机制研究。运行机制是一个有机联系的系统，其大致可以分为动力、整合、激励、控制、保障等五个机制，这五个机制既相对独立，又相互联系。所谓相对独立，是指这五个机制中的每一个机制，实质上考察社会运行的过程，研究社会运行规律的一个角度，也是一种独特的研究方法。例如，在社会运行整合机制中，研究是从社会利益协调这一角度出发的，通过透视社会利益的认同、互补乃至强制过程，解读各具特殊利益的人，以及由有共同利益组成的利益团体整合为社会一体。从整合的角度，可以考察社会运行的内在过程、研究社会运行规律。

同理，当对志愿服务发展的长效机制展开研究时，就可以将志愿服务的发展作为一个生态单位，采用社会生态分析方法，对志愿服务的生成条件、生长过程及未来趋势进行综合分析，即通过对志愿服务的组织形态和实践形态的整体变动考察，就会发现影响和制约志愿服务长期健康稳定发展的因素，主要集中在三大方面，即体制因素、环境因素和自身存在的不足。

二、构建志愿服务良好生态与发展机制的思路

（一）从组织动员管理机制方面进行思考

主要是结合我国当前社会发展实际，从政府转变职能，适应社会生态变化需求；从如何开展社会治理创新，以及有利于志愿服务长期健康发展，分析组织管理与社会动员中存在的问题，探索建立发挥志愿服务功能的高效管理机制。

如何建立有效的、符合实际的志愿服务组织管理制度是志愿服务能否保持旺盛生命力，最大限度地发挥其功能的重要保证。不可否认，行政主导是中国志愿服务产生和发展的基础，也是当下我国志愿服务生长的特有环境。志愿服务的持久健康发展需要社会组织系统的支持，需要优化志愿服务的生长机制生长环境。发展志愿服务，需要充分发挥政府、社会学校以及家庭等多元主体的共同作用并形成合力。相关主体都应当明确自己在发展志愿服务中的角色和定位，充分利用自身的优势来推进志愿服务的前行。

探讨建立完善组织动员管理机制，就是要对现有的组织管理系统进行优化，克服多头管理，责任缺失，效能低下，各行其是，不相协调，片面追求政绩观点。还有培育弘扬志愿文化，改造提升社会动员方式，探讨以现代信息手段搭建更加符合实际需求和运行高效的组织管理平台。

完善组织动员管理机制，就是要提倡培育发展民间自治组织，让专业人管专业事，以民间自助方式协同功能发挥。此外，还要学习借鉴西方的先进组织管理经验，坚持中国特色建设，充分发挥多年来建立起来的行之有效的社会动员，合力办大事优势。

(二) 从资源整合运行机制方面思考

志愿服务的开展有赖于人、财、物等各种资源的有效结合。关于志愿服务的资源整合运行机制研究，就是在对志愿服务开展过程中，从志愿者招募、培训，活动项目运行、维护、拓展，到服务信息共享、需求匹配，建立服务基地等，提出志愿服务中的队伍、项目、基地三大主要资源的整合运行要求，阐述其资源整合运行特点，如社会性、选择性、协同性、一致性等，最终表明志愿服务的开展需要建立一种互相协同、良性运转的资源整合运行机制，以发挥志愿服务的最大效能。

加强志愿服务的资源整合运行，就是要开展好对以下三方面的建设。

第一，加强志愿服务的队伍建设，如志愿者的招募、培训，提高（包括服务意识、素养和技能）；围绕队伍建设就是强调组织起来，用科学的理念方法手段，提高志愿者服务意识和能力，将松散的各自为事的志愿者集合在一起，充分发挥团队优势。

第二，加强志愿服务中的项目建设，如志愿服务活动的策划、组织、实施、维护拓展、信息分享等。提倡加强项目建设就是提高志愿服务资源的充分有效利用，提倡有序参与，开展差异化服务。提升公众参与志愿服务的便捷度、实现志愿服务供需对接的精准度和志愿服务决策管理的科学度。

第三，加强志愿服务中的基地建设，如平台和载体，互联网+的设计运用，需求与供给分析等；加强基地建设就是为志愿服务长期稳定健康发展提供保障，提倡专业化发展，创立志愿服务品牌效应，提升志愿服务品质。

(三) 从评估激励机制方面思考

在一个运行良好的志愿服务体系中，评估激励机制是承上启下的关键一环，既影响志愿者队伍的稳定，在一定程度能够决定志愿服务质量的好坏。科学合理的评估机制有助于确保和提高志愿者队伍的稳定，恰当的激励措施有利于激发社会成员参与志愿服务的热情并留住人才。因此，评估激励机制是志愿服务体系的动力机制，可以极大地推动志愿服务事业的持续发展。

志愿服务评估激励机制是指通过研究志愿服务评估系统和激励系统的内在工作方式以及两者的相互作用关系，进而实现机制的制度化、规范化、常态化，以促进志愿服务体系健康稳定发展。国外一些志愿服务先进国家有着很好经验，这得益于这些国家多年的实践探索，一方面政府大力支持，通过激励、宣传等形式使志愿服务精神深入人心，另一方面以立法为依据，引入第三方专业评价机构，以确保志愿服务的公平公正，并通过内外激励相结合的方式确保制度的稳定性和可持续性。

国内志愿服务评估激励措施尚处于发展的初级阶段，关键问题在于评估制度形式和内容单一，无法作为激励机制的有效依据，同时激励措施没能满足志愿者多样化的需求。笔者认为，构建志愿服务评估激励机制的前提是完善的志愿服务项目，只有每一个志愿服务项目都是精品、并且能够长期稳定的持续下去，使志愿服务本身焕发活力，使关注、参与志愿服务的群体认为自己的付出是有意义并值得的，才能够真正吸引并留住包括志愿者在内的各类社会资源。在构建志愿服务评估激励机制过程中，要以立法保障为基础，通过宣传扩大志愿服务的社会影响力，纠正人们的认识误区，形成有利于志愿服务发展的社会氛围，提高社会成员主动参与。

志愿服务评价激励发展机制是联结招募、培训保障等志愿服务工作的关键一环，同时也要从其他工作中得到帮助，以相互发展和促进。一个科学合理的志愿服务评估激励机制应该以完善的志愿者注册记录制度和信息系统为前提，通过评估机制，明确评估目标，确定合理的评估方案，对志愿服务组织和个人进行绩效评价，并以评价结果为依据进行激励，以确保制度的顺利发展。

（四）从企业志愿服务创新发展方面思考

企业志愿服务是社会志愿服务不可分割的一部分，是以企业为载体，以员工为主、带动身边人群共同参与的，履行企业社会责任、实现企业目标和员工个人追求的一种志愿服务形式。与一般的志愿服务相比较，企业志愿服务更加显著地突出了"企业支持"和"员工参与"这两个要素，体现企业的社会责任理念：一是社会责任与企业成长战略必须相互融合，在履行社会责任上说到做到，决不含糊；二是提倡以企业特色、员工专长服务社会；三是企业搭台，员工奉献；四是企业形成体系化、常态化承担社会责任，履责成为员工生活的一部分。

企业开展志愿服务有着自己的特别优势。企业有能力提供开展志愿服务所需的各种资源，不仅提供人力资源，还可以提供资金资源、技术资源、设备资源，促进志愿服务的持续发展，这是企业志愿服务区别于其他志愿服务的一个特征。

由此，企业志愿服务必然要包含自己的商业目的，是商业发展计划的重要内容，在业务转型、开拓新领域中，志愿服务是公益营销的重要环节，将公益营销通过志愿服务形式众包给媒体，由媒体完成传递。

企业开展志愿服务与其践行社会责任具有内在一致性，故此，企业志愿服务有利于推动企业社会责任的实现。此外，企业也以志愿服务的形式承担一部分政府的公共服务职能，代替政府提供诸如修路、造桥、绿化、养护等基本公共服务。同时，企业志愿服务的广告功能、长期投资功能、促进员工认同的功能以及"和谐社会"功能等，使志愿服务既能为企业带来远期经济利益和社会效益，也能替政府分忧，贴合政府需要。当然，这种互动结果也能形成一种倒逼机制，促使政府更好更贴近实际，落实为企业分忧，为提升社会进步做出规划和努力。

企业志愿服务是企业运行的润滑剂，在创造经济价值的时候要有人文关怀，有助于企业提升竞争力和品牌效应。企业的志愿服务项目要与城市建设社会发展、扶贫帮困等社会关注的痛点、难点、热点相结合，发挥企业的技术、人才、资源等优势，形成自己的特色，共同构建企业志愿服务发展的良好社会生态。

创新企业志愿服务机制，给予开展志愿服务的企业以相应的税收优惠政策，建立费用补偿机制，构建绩效评估机制，建立完善的教育培训机制，推动企业志愿服务专业化、技能化，建立健全企业志愿服务的保障机制，使志愿服务活动获得政策、法律保障，推动企业志愿服务的健康、良性、可持续发展。

企业志愿服务探讨的是企业的社会责任，国外早有实践，有相应的制度设计安排，也有一些成熟的做法，并且与企业的自身业务增长取得了诸多一致性发展。我国这方面还在起步阶段，一些跨国企业、央企等率先尝试，起到很好示范作用。笔者认为，企业志愿服务作为企业服务于社会，服务于社区，服务于民众，具有资源整合性、机制灵活性、功效多重性等综合优势。作为一种典型的志愿服务实践形态，企业志愿服务正在尝试摆脱志愿服务对行政化、体制化的过分依赖，它利用企业经营所具有的组织架构、资源优势和专业特长，与一定的社区或专业门类相结合，创造出全新的发展运行机制，是非常有意义的尝试，其所形成的倒逼机制，或将促进政府尽快加强顶层设计，完善相关体制机制，或将提升公共服务质量和效率，从而与志愿服务共同加快社会事业建设步伐。

（五）从企业志愿服务长远发展方面思考

只有当志愿精神和志愿服务意识深入企业的价值观中，使之内化为一种动力，志愿服务才能真正发挥出巨大的作用，企业志愿服务工作才能持续进行下去。鉴于此，可以培育企业志愿服务文化氛围，让这种氛围深刻影响每一位企业员工。当然，企业在培育企业志愿服务文化氛围中有着重要的作用，但是要想这种氛围可以持续下去，政府必须积极发挥自己的作用。

1. 引导企业培育志愿服务和社会责任意识

在中国，志愿服务与企业社会责任的结合日趋紧密，志愿服务被认为是企业社会责任的一种重要表达方式。然而，当前我国大部分企业尚未意识到企业社会责任的重要性，一种长效的志愿服务意识培育机制还未真正建立起来。对于从事志愿服务行为，一些企业经常是出于压力，而不是一种自觉的行为。企业志愿服务事业的发展需要意先导。有一部分人认为现在对中国企业讲社会责任显得有些为时过早，因为多数企业仍然处于成长发展阶段，无暇兼顾。事实上，企业社会责任应该从一开始就要成为企业商业模式中的一部分，而不是在后来才想到的可有可无的东西。

因此，政府要切实加大志愿服务的力度，深入企业界，通过广播、报纸、杂志、电视、网络、手机短信等宣传媒介，运用新闻报道、言论评论、公益广告等形式，把志愿服务意识和企业社会责任作为企业文化来宣传，促使企业自觉地把志愿服务理念与企业社会责任纳入经营战略，追求经济效益和社会效益的统一。要积极宣传参与志愿服务是一个双赢的活动，将给企业带来的积极回报和意义，如良好形象的树立、社会责任的实现等等，从而使志愿精神和企业社会责任理念深入到企业中去。

2. 公开表彰，纠正社会舆论的片面认识

企业志愿服务常常会跟许多贬义词联系在一起，诸如：作秀、沽名钓誉、功利主义等等。这些都极大地限制了企业参与志愿服务的积极性。

从认知层面上，政府要为企业志愿服务营造一个充分理解和给予其强有力支持的舆论环境。通过舆论引导，让企业的志愿服务行为得到社会和他人的理解和尊重，让企业有投身社会公益事业的自豪感，产生长期服务、奉献社会的意愿。政府在全国范围内通过公开表彰，宣传典型示范企业用之于民、反馈于社会的善行善举，树立身边可学可信的先进典型，宣传企业志愿服务品牌项目等方式，不仅可以改变社会舆论对企业的认识和看法，而且可以激发企业彼此间的公益形象竞争，引导各行各业的企业积极效仿，营造良好的社会参与氛围。

政府公开表彰的方式，是对企业更加投入志愿服务活动的一种激励。代表着社会的肯定和国家的支持，对得奖者和支持志愿服务事业的企业来说，是一种无上的光荣，带来莫大的鼓励，意义非凡。

3. 引导政府部门员工参与，充分发挥带头示范作用

政府在推动企业以一种自觉、自发的精神参与志愿服务的同时，更需要以向下扎根的方式，为社会建立一种志愿服务风气。如以政府各部门为一个企业单位，动员和号召自己的员工先做起，开展另一种类型的企业志愿活动。由于政府资源庞大，人力资源众多，可以达到的工作效果更为庞大。如此的做法，对社会是一个很大的宣示作用，对企业也有鼓励的效果。

第六章　社会与政府志愿服务理论与管理研究

志愿服务作为推进社会治理的基本力量，在社会治理中具有非常重要的社会价值。当前，我国正处于关键转型期，社会经济发展迎来了新的机遇，但一些重大突发公共事件也给社会治理带来了严峻的挑战。因此，应该充分调动社会与政府在志愿服务中的力量，促进志愿服务的完善发展。本章将分析社会组织、政府与志愿服务之间的关系作用，探究社会与政府参与志愿服务管理的路径。

第一节　社会组织与志愿服务间的相互作用

社会组织泛指在社会转型过程中由各个不同社会阶层的公民自发成立的，在一定程度上具有非营利性、非政府性和社会性特征的各种组织形式及其网络形态。[①] 社会组织在不同的国家和地区有不同的称谓，如非政府组织非营利组织、第三部门等。但这些称呼在内涵上区别不大。与政府、企业不同，社会组织具有非营利性、非政府性、独立性、公益性等基本特征。志愿服务的发展需要一个良好的载体。社会组织作为具有明确规章制度的独立单位，能够通过组织或参与志愿服务活动，促进志愿服务的发展。同时，志愿服务的发展也能够推动社会组织自身的不断完善。因此，应推动社会组织与志愿服务的协调发展。

一、社会组织为志愿服务提供支撑载体

志愿服务活动的开展需要一个载体作为支撑。社会组织作为正式化的社会群体，形成了较为完善的组织结构，具有比较明确的规章制度，也具有比较丰

[①]　郭俊华.公共政策与公民生活［M］.上海：上海交通大学出版社，2018：188.

富的资源，具备开展好志愿服务活动的有利条件，能够为志愿服务活动的开展提供平台。可以说，社会组织是志愿服务的重要载体和参与方。当前，更多的社会组织积极开展或参与志愿服务活动，促进了志愿服务的发展。同时，社会组织自身的组织架构、制度规范的完整性，以及社会化程度较高的优势，为志愿服务的专业化、制度化发展提供了重要动力。

（一）社会组织为志愿服务的有序开展提供保障

志愿服务活动的顺利进行，并不是仅靠单个志愿者或者零散的志愿者随意组织起来就能实现的。任何一项成功的志愿服务活动背后，都需要有一个强有力的组织领导体系完善的组织运行机制。因此，要确保志愿服务活动的顺利有效开展，离不开有力的组织保障。社会组织一般具有明确的组织目标，相对完善的组织架构和组织运行机制。

首先，社会组织的目标一般是明确的、具体的，体现了某一组织的性质和功能。在组织中，人们围绕组织目标从事共同的活动，从而为社会组织发展指明了方向。其次，社会组织一般具有根据功能和分工而制度化的职位分层与部门分工结构。最后，社会组织的各个职能部门之间能够协调合作，确保组织活动的顺利开展及组织目标的实现。无论是发起志愿服务活动项目，还是参与到志愿服务活动项目当中，社会组织的这些特点为志愿服务活动的开展提供了重要的组织保障，使志愿者在参与活动的过程中能够做到既分工明确又相互合作，有序地推动志愿服务活动的开展，进而为志愿服务活动的有序、持续发展提供了保障。

（二）社会组织为志愿服务的制度化、规范化提供助力

志愿服务事业的健康发展，必须以切合实际、科学合理的制度作为基础。可以说，志愿服务的常态化和专业化发展。需要以制度化作为保障。总体而言，我国的志愿服务还处在初始阶段，活动开展的制度化程度不够完善、服务水平不够高等问题仍不同程度地存在。而要解决这些问题，关键在于实现志愿服务的制度化。社会组织一般都具有明确的规章制度，这些规章制度能够对组织成员起到约束和规范的作用。

社会组织的规范运行，有助于组织及其成员在发起或参与志愿服务活动的过程中，能够确保活动的规范化和制度化。社会组织成员在参与志愿服务活动过程中，身份变成了志愿者，但其行为依然会受到社会组织内部规章制度的约束，从而督促志愿者的行为更加规范有序，为志愿服务活动的常态化、制度化创造了良好的条件。同时，作为一个社会团体，社会组织在发起或参与志愿服

务活动过程中，能够通过制定相应的制度，保障志愿者的权利，如接受志愿服务技能培训、获得合理的激励等，在一定程度上也促进了志愿服务活动的制度化运行。

（三）社会组织为志愿服务的社会化提供助力

当前，社会组织在数量和规模上都有了新的发展，同时也融入更多的领域，在社会治理方面所发挥的作用也越来越大。社会组织所涉及的领域范围非常广泛。尤其是在社区建设工作中，社会组织通过组织开展社区活动，推动完善了社区的治理。从这个角度来说，社会组织与社会各领域的联系非常紧密。社会组织组织或参与志愿服务活动，其实施过程也必然立足于其已有的资源和渠道。在这一过程中，志愿服务活动不再仅限于通过政府、企业等主体来筹措经费、招募志愿者等，而是通过更开放的形式向全社会招募志愿者，并逐渐形成更加灵活、多样的融资渠道。

此外，在志愿服务活动的领域和范围方面，借助社会组织的关系网，可以开展更多元化的志愿服务活动项目，也更接近于社区居民的日常生活。经济社会建设的不断推进，要求志愿服务越来越走向社会化，以实现志愿服务活动的全面发展，并在社会治理中发挥更大的作用。社会组织这一平台给志愿服务提供了社会化发展的平台，有助于志愿服务走向更高的台阶。

二、志愿服务保障社会组织顺利运行

志愿服务是为社会和他人提供无偿的公益服务的行为，在促进社会和谐发展、推动社会治理方面发挥着重要作用。社会组织是社会治理的重要主体，其目标与志愿服务有着一定的共通性。组织或参与志愿服务活动，对于社会组织的自身发展以及目标的实现具有重要意义。

（一）志愿服务辅助社会组织工作目标的达成

社会组织是人们为了达到特定的目标，按照一定的宗旨、制度、系统等建立起来的共同活动集体。社会组织一般具有非营利性、非政府性、公益性的特点。社会组织通过开展活动，为社会提供公共服务、化解社会矛盾，从而达到保障社会的稳定性、扩大社会参与等目标。

志愿服务作为一项公益性的活动，也是通过为他人和社会提供无偿的服务，构建一个崇尚奉献、友爱、互助、进步精神的和谐社会。社会组织要实现这些目标，需要一个具体的活动内容和活动形式。而志愿服务活动则能够较好地满足社会组织的要求。因此，社会组织可以通过组织或参与志愿服务活动，将自身的理念和目标融入志愿服务活动过程当中，促进理念转化为现实行为，从而能够更有效地实现组织自身的目标。从这个角度来说，志愿服务能够有效地促进社会组织目标的实现，推动社会组织的发展。

（二）志愿服务促进社会组织工作能力的整体提升

志愿者在参与志愿服务活动的过程中，会根据活动的需要，主动或被动地提高自身的素质和能力。志愿者基于信念、同情心、责任等，奉献自己，服务他人、服务社会，积极主动地帮助一些需要帮助的弱势群体。由于服务对象的特殊性，志愿者在奉献时间和精力的同时，也要不断完善服务细节，提高服务的专业性等，从而能够更好地满足服务对象日益多元化、专业化的需求。而社会的快速发展和服务对象需求的不断提高，也使得志愿者更加重视专业化发展。

越来越多的志愿者通过自身学习或参加相关培训，或是基于自身的专业水平，不断学习和增强在参与志愿服务所需的专业知识和技能，从而提高志愿服务的质量和效应。可以说，志愿服务活动的参与过程也是志愿者能力不断提升的过程。社会组织成员在参与志愿服务活动的过程中，也会通过参加志愿服务培训提升相关能力，或者在活动实施过程中，有意识地学习相关的技能，从而实现了自身能力的逐渐提高。这也是社会组织推动能力建设的过程。从这个角度来说，组织或参与志愿服务活动，对于社会组织的发展具有重要的促进作用。

此外，志愿服务本身的不断发展，也会为社会组织的能力建设带来更多的机会和资源。近年来，国内外出现了面向社会组织的专业志愿服务，即主要来自企业的技术和管理类的专业人士为社会组织提供包括项目咨询、人力资源管理、资金筹措、IT 等在内的专业性的志愿服务活动，为社会主义能力建设和可持续发展提供了有力的支持。

（三）志愿服务促进社会组织工作内容的优化

我国有各种形式的社会组织。其中，有一种社会组织主要从事公益慈善和社会服务领域的活动，具体活动范围包括公益慈善、救灾救济、扶贫济困、环境保护、公共卫生、文化教育等。志愿服务也属于这一类社会组织的重要内容。而志愿服务活动的多样性，也为社会组织尤其是公益社会组织的发展提供了丰富的活动内容。志愿服务的内容主要包括敬老助老、扶贫开发、社区建设、环境保护、大型赛会、应急救助、海外服务等，志愿服务活动内容的多样性也逐渐培养了许多具有多种志愿服务经验和技能的志愿者。

社会组织在招募志愿者的过程中，可选的志愿服务范围比较广，其所能开展的活动也相应地丰富起来。可以说，志愿服务细化了社会组织尤其是公益社会组织的活动内容，使社会组织在组织开展志愿服务活动过程中也能够实现自身在服务范围、服务能力等方面的完善，推动社会组织自身的发展。

第二节　社会参与志愿服务管理的路径

一、社会工作与志愿服务的关系类型

社会工作与志愿服务存在很多相通之处，实际上，社会工作就是在志愿服务的基础上发展起来的，不论是社会工作还是志愿服务，其核心都是为社会服务，承担社会责任。最开始，社会工作是一些人自愿承担风险开展的工作活动，后来逐渐发展成国家认可的专门职业，而参与社会工作的人员也在朝着专业化的方向发展，越来越多的人接受了专门的社会工作专业知识与技能培训。志愿服务的开展需要依托在社会工作运行过程中整合起来的社会资源。可以看出，社会工作与志愿服务是相辅相成的，二者之间的关系类型可以大致分为以下几种。

（一）指导型关系

社会工作属于应用社会科学，它的前身就是助人活动，随着社会体系制度的不断成熟，社会工作也逐渐朝着学科化、专业化、职业化的方向发展。现在的社会工作者（简称为社工）大多接受了专业的教育，具有扎实的专业知识基础，拥有丰富的实践工作经验，其秉持的社会工作理念较为先进，也具有扎实的专业理论支撑，在实际工作中能够采用恰当的、科学的工作方法，这是那些普通志愿者难以做到的。因此，专业社工与普通志愿者之间具有指导型关系，专业社工能够为普通志愿者提供专业的指导，具体包括以下几个方面的指导。

其一，工作理念的指导。社工的工作理念是"助人自助"，这一理念可以为志愿者的服务理念提供有效补充。并且，社会工作所秉持的"助人"理念与志愿服务所秉持的"无私奉献、助人为乐"精神相承一脉。不过，需要注意的是，社会工作强调的并不是"助人"，而是"自助"，即帮助人们掌握自主解决问题的能力，同时在帮助他人的过程中，社工应得到成长，这才是社会工作的根本追求。这一理念为志愿服务精神提供了新的内容，促进志愿服务发展进入下一阶段，志愿服务不再简单地"学雷锋，做好事"，而是将目光放在服务对象的能力发展与志愿者个人的身心成长上。

其二，理论方法的指导。社会工作所建立的系统的理论体系与工作方法可以为志愿服务提供有效参考，让志愿服务有理论可依，规范志愿服务的工作程序。社会工作本身吸收了许多其他的学科理论，比如心理学理论、社会学理论、人类学理论等等，在社会工作的渗透影响下，志愿服务也对这些理论流派进行了吸收，这些理论流派的融合有助于开拓志愿者的认知视野，帮助志愿者在面对问题时找准本质，深层次地剖析原因，从而更好地开展志愿服务工作。在社会工作理论方法的指导下，志愿服务逐渐系统化、规范化，这样可以避免产生一些盲目的、不合理的工作方式。

其三，评估调查的指导。社会工作者在实践工作中已经总结了一套专业的、有效的调查评估方法，这些方法能够优化志愿服务的效果，为志愿者开展工作提供便利。在开始志愿服务之前，志愿者往往要对服务对象进行大致的了解，只有这样才能明确服务对象的真正需求，为其提供恰当的服务。这一环节志愿者可以借鉴社工专业的社会调查、数据分析方法，科学评估调查结果，进而制定完善的志愿服务计划。除了在开展志愿服务之前要进行评估之外，在结束服务后也要进行一定的评估，只有这样才能获得及时、准确的反馈，促进志愿服务的持续完善。基于社会工作的评估方法，志愿者在实际服务过程中会更加明确自己的职责，规范言行，避免陷入形式化服务、盲目服务的陷阱。

（二）服务型关系

社会工作与志愿服务之间还具有服务型关系，也就是说，志愿者除了为他人提供帮助与服务之外，还可以接受社工的帮助与服务。志愿者也是社会中的个体，也会遇到一些突发意外事件，会面临个人的生活压力、消极情绪，如果不能很好地应对这些压力、情绪，就会影响其志愿服务工作。因此，志愿者自身的压力、情绪调节也十分重要，这一工作则可以交由社会工作者来完成。具体来看，社会工作者可以为志愿者提供以下帮助。

其一，咨询服务，当志愿者遇到心理问题或情绪问题，需要倾诉，可以寻求社工的帮助；其二，专业培训，社工可以为志愿者提供知识技能培训，提升志愿者的专业工作能力，培养志愿者的交流沟通能力、组织领导能力等；其三，行为支持，社工可以对志愿者的行为予以积极的肯定与支持，鼓励志愿者继续参与志愿服务活动；提供资源，当志愿者面临资源短缺问题时，可以向社工寻求帮助，尽可能多地获得相应的社会资源。

（三）管理型关系

社会工作与志愿服务之间存在管理型关系。由于志愿服务具有自发性特征，许多人都是一腔热血就投身志愿服务事业，并不具备专业的知识能力，因此志愿者的能力水平往往参差不齐，甚至一度在较低的水平徘徊。要想促进志愿服务的持续、深层发展，就需要借助社会组织对志愿者的高效管理，否则志愿者只能是散兵游勇，不能凝聚成一股巨大的力量。具体来看，社工对志愿者的管理工作内容包括招募、培训、监督引导、激励评估等多个方面。

（四）互补型关系

社会工作与志愿服务之间显然存在互补型关系，社工与志愿者有着各自的优势，二者合作能够提高工作效率，达成更好的工作效果。通常，志愿者的队伍比较庞大，人数较多，且服务热情较高，拥有扎实的群众基础，志愿者的加入能够为社工提供充足的人力支撑，帮助社工拓宽工作范围，增强社会工作的影响力。但同时，志愿者的服务时间往往较短，且人员流动性较大，不具备较强的规范性与约束性，很难实现持续的服务，这一点恰好可以被社工的专业性、职业化所弥补。除此之外，社工还可以进行长期的、持久的社会动员，鼓励更多人加入社工与志愿者的服务工作队伍，为志愿者搭建服务平台，提供更多的活动机会，为志愿服务创造良好环境与有利条件。

可以看出，社会工作与志愿服务之间存在紧密关系，社工与志愿者之间有着天然的合作关系，双方的合作能够促进社会工作与志愿服务的共同发展，弘扬助人精神，促进和谐社会的建成。

二、社会工作与志愿服务的融合策略

"社工引领义工开展服务，义工协助社工改善服务"①，这是社会工作与志愿服务的合作宗旨，具体来看，社会工作与志愿服务的融合共进可以从以下几个方面推进。

（一）加强社工与志愿者的联动合作

首先，着力推进社工与志愿者联动机制的建设，尽快完善各项联动服务的要求与规范，制定相应的政策，保障社会工作与志愿服务的同步开展，鼓励全

---

① 民政部社会工作司. 社会工作与志愿服务关系研究［M］. 北京：中国社会出版社，2011：100.

民参与志愿服务，调动人们的社会服务热情，形成长久的、有效的社会服务机制。

其次，大力发展公民社会。要想实现社会的良治，就必须依赖社会中的每个公民，因此政府要注重培养社会公民的自治意识，培养公民的社会责任感，建立完善的社会福利制度，为社会工作者与志愿服务者提供相应的法律保障与福利保障，单独设立社会工作与志愿服务的经费项目，健全社工与志愿者考评机制，加强社工与志愿者的合作，调动全民的志愿服务热情，向建成公民社会的目标奋进。

（二）创造社工与志愿者的合作平台

社会管理与社会服务主体的多元化、政府和社会分工、合作与共同治理是社会发展的客观趋势。当前政府职能转变的实质在于，将政府不该管、管不了也管不好的那部分社会管理事务转移出去。显然，能够承接这些社会事务的是各类社会组织，而这些组织的主体是专业化、职业化的社会工作服务机构。

民间社会组织给予社会的不单单是新型的社会组织体系，耳目一新的价值观念，制度性创新的动力源泉等等，而且更为重要的是，它可以为人们提供多样化的选择机会和活动空间。而从我国当前的体制现实来看，从事专业社会服务的社会工作机构无疑是促进民间组织发展的最为有力的抓手。作为政府可以放心的合作伙伴和得力助手，社会工作机构既能有效地承受政府剥离或转移出来的那部分社会服务职能和社会管理事务，又能够在政府培育和推动非营利组织的发展方面提供成功的经验和样板。

因此，要发展社会工作机构，培育公益民间组织，搭建社工与志愿者联动的平台。社工机构及其社工可以为志愿者提供专业化的指导和监督，促进志愿服务质量改善和志愿者的迅速成长。随着志愿者队伍的壮大，服务项目的多元化，可以建立一些专门的社会工作机构，为其提供合适的岗位，实现志愿服务的规模化和专业化。

（三）促进社工与志愿者的信息联动

当前人类社会已经进入信息化时代，因此社会工作与志愿服务也应该紧跟时代潮流，把握信息技术，建立联动的信息服务网络，将工作过程中收集到的信息及时共享。建立专门的社会工作信息库，实施信息的动态发布，为每个社会工作者提供信息支持；建立相应的志愿服务信息库，加强志愿服务的信息化建设，志愿者的招募、培训等活动也可以借助网络信息平台开展，这样能够极大地节省时间成本、人力成本，提高服务工作效率。

社会工作信息库与志愿服务信息库应该相互连接，实现信息共享，让各种社会资源得到合理配置。在实际工作中，社工可以直接获取志愿者的个人信息，以便进行合理的工作安排，制定工作计划，也可以对志愿者的能力表现进行线上评价，使其得到及时反馈；志愿者则可以便利地获取相关的服务活动信息，对具体的服务内容、服务地点进行了解，从而选择自己感兴趣的、有能力承担的志愿服务工作。由此可见，社工与志愿者的信息联动对社会工作与志愿服务的开展有着重要意义。

第三节　政府与志愿服务间的相互作用

政府作为公权力的载体，对志愿服务的扶持和规制将直接影响到志愿服务的发展。在中国的国情之下，志愿服务活动的开展必须坚持党的领导。因此，政府部门在志愿服务活动中也起着主导作用。而志愿服务作为一种崇高的社会行为和一项重要的社会性事业，一定程度上弥补了政府部门在社会治理方面存在的短板，在完善国家社会保障、维护社会安全稳定、加强精神文明建设、促进公民社会参与等方面发挥了积极作用。

一、政府在志愿服务中扮演了重要角色

要研究政府在志愿服务中的角色，必须先明确政府的概念。政府的概念有狭义和广义之分，狭义上的政府仅指国家权力机关中行使行政权力的那部分政权机构，即行政机关；广义上的政府是指立法机关、行政机关和司法机关的总和[①]。中国的国情决定了我们的政府和政党是一体的，政府的目标是实现公共利益。政府的这一特点也体现在对待志愿服务的态度中。现阶段，中国政府在志愿服务中主要扮演了三大角色，即志愿服务组织者、志愿服务参与者和志愿服务管理者。

（一）政府在志愿服务中充当组织者

志愿服务组织者是发起、召集组织、领导和实施志愿服务的人或组织。志愿者组织按照发起主体可以分为社区发起的志愿者组织、企业发起的志愿者组织，学校发起的志愿者组织和个人发起的志愿者组织。其中，社区志愿者组织

---

① 张晓红. 志愿服务理论与实践 [M]. 北京：中国青年出版社，2019：116.

是在政府的引导下发展起来的，在实际管理和运作中与基层政府之间有密切的联系。基层党组织也为社区志愿者组织的培育和发展提供了强大的组织保障。这种政府主导下的社区志愿者组织发展模式是大多数城市社区志愿者组织的一致选择，背后也存在更深刻的社会背景。以北京市朝阳区酒仙桥街道为例，该街道的志愿者组织是由基层党组织号召社区内的党员建立起来的，将志愿服务与社区党建结合起来，在各社区以"小红帽"为标志开展社区党员志愿服务岗活动。可见政府作为志愿者组织的重要组织者之一，推动着志愿服务的发展。

（二）政府在志愿服务中充当参与者

随着改革开放不断深入，志愿服务对社会公众的影响越来越大，志愿者组织的作用也越来越受到人们的重视，志愿者组织的蓬勃发展是大势所趋。然而，在现阶段，经费不足仍然是制约志愿者组织生存和发展的一个"瓶颈"。究其原因，主要在于我国志愿服务的发展仍处于起步阶段，社会力量对志愿服务的支持不足。在这样的形势下，政府在经费方面的支持就成为推动志愿者组织发展的关键力量。从目前国内的情况来看，政府成为许多志愿者组织的主要资金来源。通过为志愿者组织提供经费的方式，政府成为志愿服务的主要参与者，也是比较特别的参与者。

一般来说，政府对志愿者组织进行资金支持的方式包括直接拨款购买公共服务、实行税收优惠政策等。其中，在现行体制下，政府的拨款支持只有具有官方背景的志愿者组织才有可能获得，面绝大多数的志愿者组织可以通过政府购买公共服务获得资金支持。因此，当前政府通过提供经费参与志愿服务的方式主要包括两种。

1. 政府购买公共服务

所谓的政府购买公共服务，就是把原来由政府直接提供的部分社会服务，通过合同出租、业务分担、共同生产或解除管制等方式转交给私营公司、非政府组织或者其他社会法人团体，由这些团体按照合同要求和"成本—效益"最优方式为公民提供公共服务，政府在此则承担财政资金筹措、业务监督以及绩效考评的责任。当前，政府购买公共服务主要通过合同出租、项目资助等形式进行。

合同出租指的是政府根据具体的社会需求决定某种公共服务的数量和质量标准，将公共服务转包出去，由企业或志愿者组织与政府签订提供公共服务的供给合同，而政府则以出资购买并依法监督管理企业或志愿者组织提供的公共服务。项目资助指的是志愿者组织根据社会的需求和组织的情况，围绕政府比较关注的社会建设领域，如社区矫正、青少年教育等，设计志愿服务项目，撰写志愿服务项目书，向政府申请项目资金支持。

2. 政府税收优惠政策

为志愿者组织提供税收优惠政策，也是政府参与志愿服务的一个重要体现。政府为志愿者组织提供的税收优惠政策大致分为两大类：一是对志愿者组织的税收优惠政策；二是对向志愿者组织捐赠的企业和个人的税收优惠政策。在《企业所得税暂行条例》《公益事业捐赠法》《事业单位、社会团体、民办非企业单位企业所得税征收管理办法》等政策法规中，有很多针对公益组织的税收政策，这些政策基本涵盖了向公益组织征收的各种税种。按照相关政策法规的规定，作为非营利组织的志愿者组织能够享受税收优惠政策的税种包括企业所得税、营业税、增值税、消费税、关税、房产税、车船使用税、城镇土地使用税等。

这些优惠税收政策在一定程度上减轻了志愿者组织的经济压力。但也要看到，尽管政府以政策法规的形式明确了许多优惠税收政策，但对于许多基层志愿者组织来说，要想获得相应的税收政策并不容易，原因在于政府对志愿者组织提供的税收优惠政策在内容和范围上都有局限性。从目前的情况来看，虽然政府在支持志愿服务方面存在一些亟待改善的问题，但仍然是当前志愿服务发展的重要经济来源。

（三）政府在志愿服务中充当管理者

政府对志愿服务的管理主要体现在两个层面：一是立法层面，二是实际操作层面。在立法层面，政府通过出台法律法规来规范志愿服务行业发展，为志愿服务发展指明方向。《社会团体登记管理条例》《民办非企业单位登记管理暂行条例》两个条例中均规定对组织实行"归口登记、双重管理"，即国务院民政部门为其登记管理机关，各级政府授权的组织为其行业、业务范围里的业务主管单位。

同时，管理机关有权对组织运行的财务状况（志愿组织实施财务监督的内容，包括对组织预算、收入、支出、财产物资等）进行监督管理，实施年度检查。同时，还颁布了《民间非营利组织会计制度》《预算会计制度》《基金会管理条例》。2002 年，共青团中央、中国青年志愿者协会颁布了《中国青年志愿者注册管理办法（试行）》；2006 年，共青团中央发布《中国注册志愿者管理办法》；2010 年，民政部出台《民政部关于进一步推进志愿者注册工作的通知》，对规范志愿者注册工作提出了新的要求；2012 年，民政部《志愿服务记录办法》开始在全国开展志愿服务记录制度试点工作；2013 年，共青团中央对《中国注册志愿者管理办法》进行修订，并颁布实施；2015 年，民政部出台《关于规范志愿服务记录证明工作的指导意见》，对志愿服务记录证明工作做了进一步规范指导。

2016 年 7 月，中共中央宣传部中央文明办、民政部、教育部财政部、全国总工会、共青团中央、全国妇联联合下发《关于支持和发展志愿服务组织的意见》，鼓励志愿者组织发展，为志愿服务发展指明了新的方向。2017 年 8 月，国务院发布《志愿服务条例》，于 2017 年 12 月 1 日正式实施，这一《条例》的实行是志愿服务法制化的里程碑。

在实际操作层面，政府是志愿服务活动的最终负责人和监督者。在志愿服务活动开展的过程中，政府相关部门会直接或间接地介入活动的申报、组织、运行等过程中，对活动实施过程进行监督和管理，确保活动的开展是符合相关规定和要求的。同时，活动在实施过程中一旦出现状况，政府相关部门也会根据实际情况参与到问题的处理过程中，确保活动的规范化和有效性。

二、志愿服务有效促进了政府职能的转变与社会文化的发展

志愿服务在宏观和微观层面上对完善我国政府职能、促进社会和谐起着重要作用，主要体现在推动政府职能转变，如促进社会保障制度的完善、提高社会服务的效率和质量等，以及促进社会文化建设发展，在政府和民众之间以及民众与民众之间起到协调、沟通作用。

（一）志愿服务促进了政府职能的转变

1. 弥补政府职能转变中的不足

随着政府职能的转变，志愿服务逐渐承接了过去由政府包揽的、本应由社会承担的职责和功能，稳定了社会基层，为政府职能转变提供了坚定的社会基础和基层依托。志愿服务在实施社会保障方面的方式更为灵活，可以是民间组织自主组织实施的社会保障性事务，如照料孤寡老人、康复陪伴等相关福利和服务；也可以是政府委托民间组织经办的有关社会保障事务。在相应的服务领域，政府实现了职能的转变，更多地充当倡导者，承担扶持角色，而提供志愿服务的民间组织则扮演供给者角色，形成政府、民间各尽其能、相得益彰的良好局面。

2. 促进社会保障制度的完善

政府并不是一个没有自身利益的超利益组织，它在包括社会保障在内的公共政策中不可能完全自动地代表公共利益，即国家或政府的活动并不总是像理论上所说那样"有效"。即便政府能够完全代表公共利益，但也可能由于决策

者知识不齐全、信息不充分等原因导致决策的结果与目标背道而驰。

我国的社会保障体系目前仍存在诸多弊端，如法律和制度不完善，多头管理，覆盖率低，资金利用率不高，社会保险基金流失以及被挪用挤占等。出现这些问题的主要原因是政策制定和执行过程缺乏公众的广泛参与，没有形成科学决策机制，缺乏强有力、有效的外部监督。志愿服务的提供者——民间组织作为公益性、自愿性和民间性的社会组织，代表着不同社会群体的利益，它们在公共领域的广泛介入，实际上是整合了分散的公众来共同参与公共决策和监督。

民间组织在社会保障领域的活动本身就动员公众参与了社会保障过程，它们了解各阶层的社会保障状况，能将社会保障政策执行过程中的失误和问题及其产生原因、现实状况、严重程度等全面准确地反馈给决策机构，从不同的角度向各级政府提供建议，并且更有力地监督各级政府对社会保障制度的执行，促进社会保障制度的完善。

3. 满足多元化的社会保障需求，缓解社会矛盾

随着市场经济的发展，社会分化为众多阶层和利益群体，社会保障服务的需求也呈现出多元化的趋势。但是，政府行为的"普遍性"与"局限性"难以对多元化的保障服务需求做出及时的回应与满足；政府提供的公共产品满足的是大部分公众的需求，因此必然有小部分公众的需求难以得到满足。而且，我国过去由于社会保障体制单一，各种社会保障服务设施不多，设施的配置和服务项目、内容、方式有迟滞性，不能满足当前社会的需求。

政府在这方面的不足恰恰是志愿服务的优势所在，灵活多样的志愿服务能够满足多元化的保障服务要求，提供政府短时间内难以提供的公共产品。例如，某些专业性服务，如对临终老人、重症患者的照护，对4~18岁中、重度智障人士的特殊教育和托养服务等，现有的社会福利事业单位不能很好地提供，但由民间组织举办的益寿医院和中、重度智障儿童教育学校等机构就能通过组织志愿服务较好地提供这些服务。

4. 提高社会保障服务的供给效率与质量

社会保障服务单纯由政府来承担，存在不少难以克服的问题，主要表现为：机构膨胀而服务效率与质量低下、寻租行为、社会保障服务成本的上升和浪费、对社会需求反应迟钝等。志愿服务的提供者——民间组织独立于政府体系之外，不同于政府机构运行方式，它们往往具有运作方式灵活等特点。

民间组织人员来自各阶层的专业人员和志愿人员，他们了解社会各阶层的状况，知道哪些人、哪些地区需要帮助以及需要什么样的帮助，服务应当从何处入手，以何种形式展开，因而志愿服务能及时满足民众对社会保障服务的迫

切需求。他们会因使命感和组织目标的要求而努力提高服务质量，完善服务项目，规范服务行为，具有比政府更有针对性、更低成本、更加灵活的优势。例如，京伦家庭科学中心的"少女课堂"、信任与安慰者协会的个案辅导以及爱德基金会的乡村扶贫和社区康复，就是这些民间组织在准确了解社会需求后，适时推出的具有针对性的志愿服务形式。

（二）志愿服务促进了社会文化的发展

文化是一个国家，一个民族的灵魂。文化与提升公民素质之间，具有根本的，不可忽视的内在逻辑关系。因此，社会文化建设是政府的一个重要职能，政府有必要加强社会文化建设，创造良好的社会文化环境。志愿服务精神作为社会文化的一个重要组成部分，从培育社会主义核心价值观和推动社会主义精神文明建设两大方面促进了社会文化发展。

1. 促进社会主义核心价值观的培育

社会主义核心价值观的基本内容概括为：富强、文明，民主、和谐的国家价值目标，自由、平等、公正法治的社会价值取向，爱国敬业、诚信、友善的公民价值准则，成为全国人民价值观的"最大公约数"。志愿服务所倡导的"奉献、友爱、互助、进步"与社会主义核心价值观的思想也是相通的。

例如，诚信强调诚恳待人，友善强调公民之间互相关心、和睦友好，这些与志愿精神是不谋而合的，都是为了建设一个和谐文明的社会。社会主义核心价值观的培育，不能仅停留在 24 个字上，用大量的理论和口号来衬托，而是需要融入社会现实，将价值观转化为指导人们日常生活的观念和行动，成为人们实践生活的行为准则。要实现这一目标，需要借助一个有效的载体，实现理论与实践的有机融合。而志愿服务活动，就是推动社会主义核心价值观融入现实的有效途径。

可以说，志愿服务以自愿、无偿为前提，以弘扬"奉献、友爱、互助、进步"的志愿精神为核心，把建设文明国家、推进社会进步和实现道德人格有机结合起来，是社会主义核心价值观在当代中国的典型实践。同时，通过志愿服务活动促进了人们社会主义核心价值观的培育。

2. 推动社会主义精神文明建设

社会主义精神文明建设与志愿服务之间的关系，外在表现是包含与被包含的关系，内在表现是两者在精神理念层面上相辅相成。志愿服务在一定程度上是衡量一个城市乃至一个国家文明程度、社会风尚的标志。志愿服务可以在弘扬社会新风、培育公民精神、加强思想品德教育中促进社会发展，培养公民"奉献、友爱、互助、进步"的志愿精神，增强公民对社会的认同感和凝聚力，加强他们的集体主义与爱国主义观念，促进社会主义精神文明建设。

志愿精神的基本内容是"奉献、友爱、互助、进步"，它在传承中华民族扶贫济困、助人为乐传统美德的同时，也借鉴了人类文明的先进成果，适应了市场经济条件下公民道德建设的方针、原则与核心内容的要求，与建立和谐社会相适应的社会主义道德体系建设要求相一致。一方面，志愿服务不仅能使志愿者在服务他人的同时促进个人的成长；另一方面，志愿者在志愿服务实践的过程中，在帮助他人、服务社会的同时，也会潜移默化地影响和感染被帮助对象。

可以说，志愿服务是精神文明建设的有效载体，能够发挥凝聚、教化、协调扶助等作用，对于加强爱国主义、社会主义、集体主义理想信念教育，对于推动精神文明建设，构建社会主义和谐社会做出了重要贡献。

第四节　政府参与志愿服务管理的路径

一、政府应明确志愿服务中的自身责任

"政府公共性的价值导向及其所拥有的资源优势决定了它应在解决志愿组织合法性方面有所作为"①，政府在志愿服务中应当扮演一定的角色，包括资源支持者、信息联结者、"志愿精神"培育者和制度供给者等，通过承担必要的责任，从而使得志愿服务活动获得可持续发展的动力。所谓资源支持者，就是政府可以通过多种合作关系，提供必要的资金和物质支持等，委托志愿服务组织和志愿者完成志愿项目，例如，在老年人照料等公益性服务项目上，政府部门可以与志愿组织签订合作协议，由政府部门提供资金，志愿组织专门提供服务履行社会责任。

所谓信息联结者，就是政府部门要努力打造类似广州"志愿时"信息管理系统的信息协调机制，使志愿者、志愿组织与服务项目等各项信息能沟通有无，使各方面的志愿服务要素如人力、资讯、经费等能够相互合作，彼此联结，建立起志愿服务的资源共享机制，避免志愿服务的重复和志愿资源的浪费，促使志愿服务资源配置最佳化。

---

① 罗峰. 志愿组织发展中的政府责任：合法性视角的分析 [J]. 国家行政学院学报，2009（4）：42.

所谓"志愿精神"培育者，就是政府要专门针对当前志愿文化氛围不浓、社会公众对志愿活动认同度与参与度不足等现象，大力加强公民教育和舆论引导，鼓励和支持志愿活动的开展，在全社会营造和培育公民志愿服务的精神和理念。

所谓制度供给者，是要建立多层次、多样式的志愿者表彰奖励制度。此外，正如广州等地所进行的志愿服务立法，针对志愿服务活动中出现的种种乱象，需要政府部门加强制度化和规范化建设，从而为志愿服务持久化和常态化开展提供法律保障，以保障志愿服务的自主性，明确志愿者的权利和义务，以及增进志愿服务的效能。

二、政府应加强志愿服务法律法规建设

从当前形式分析，我国的各个行业都在稳中求进，发展平和，志愿服务在这几十年期间也发展得比较好，体系越来越完善，并且各个地区制定的一些志愿服务规定也逐渐得到完善和改进。我国目前的志愿服务发展状态已经比较成熟，可以准备制定统一的相关法律来进一步规范志愿服务。

（一）确立志愿服务的法律地位

在国家整体的高度上明确地制定完整的志愿服务法律条例，可见该法律的公信力。志愿服务相关法律可以帮助志愿服务散发更多的能量，增强它的作用，进一步推动我国的整体文化风貌的完善和发展。

第一，建立健全法人规章。法人也可被分为公法人和私法人。法律规定公法人绝对不可以涉及私法领域。① 私法人还可以被划为财团法人和社团法人。财团法人指的是事业单位法人和社会团体法人中用国家发放的专门用来做事或用来捐献的财产作为成立资金，并且有着独立管理机构的法人。社团法人范围有为了公益而做事的事业单位法人和社会团体法人，还有其他目的的公司和社会组织，得到程序认证法人资格后，变成社团法人中的中间法人。

第二，细化志愿组织的相关规定。要明确志愿组织的相关内容，比如志愿组织的内涵、分类、特征、服务领域还有志愿组织的相关纪律要求等等。

第三，完善志愿组织的登记条例。目前，我国民主思想不断发展，人们想要成立社团也越来越有希望。现在实行的管理办法已经不能够支撑志愿组织的继续发展了，需要根据具体情况做变动，健全社团登记相关条例。我国的法律规定人们可以成立社团，因此志愿服务法律应当认可人们成立社团的正式性和

---

① 迟云. 社会的良心和善行 [M]. 济南：山东教育出版社，2014：218.

合法性。同时，志愿组织只有真正登记成功，才可以算是正式的法人。另外，应当放低组织成立限制，减少一些不必要的程序，从而支撑志愿组织平稳登记运行，扩大志愿服务的范围和领域。

（二）指明相关主体的权利、义务和法律责任

法律所书写的权利指的是其认定的权利人为了得到自己想要的东西而运用的、由别人的法律义务保证的法律方式。法律所说的义务指的是法律需要义务人凭借权利人的想法去做一些事情，用来填补权利人的合法利益。

志愿者原本拥有的权利有：凭自己意愿参与活动、自己的安全、身体不受伤害、资金赞助、得到专业培训；志愿者需要尽的责任有：听从组织指挥、听从命令、按照规定做事、听取意见和评价、提升自己的专业度、尽力服务被服务者。这样清晰的责任和权利，可以保障志愿者的各方面的利益，而且还可以限制志愿者的活动，确保被服务者的具体利益。

志愿服务主体的责任也需要明确。志愿服务相关法律应当保障志愿服务整个流程，明确志愿者和被服务者的各个方面的责任和赔偿条例。从两个角度来看：一是把志愿者活动导致的被服务者利益受损的行为分成过失和故意行为，过失行为需要志愿者所在组织来赔偿被服务者的损失，故事行为则是志愿者自己来赔偿被服务者的损失；二是志愿者的利益受到来自被服务者的损害，这种情况下，被服务者和志愿者所在组织需要一起赔偿志愿者的损失，如果是别的原因导致利益损失，那么志愿者所在的组织需要赔偿损失。

（三）为志愿者提供社会保障

志愿服务立法时，需要确保把志愿者放进社会保障体系中。我国可以根据实际情况和多年的经验，精心设计界志愿服务相关社会制度，如志愿者的各项保障和特殊志愿者人群的专项保障以及志愿服务和现实生活的衔接制度等，最后明确志愿者的各项社会保障，为他们的生活保驾护航。志愿者没有了制度上的烦恼，就可以全身心投入志愿服务。

志愿服务相关法律明确后，应当再推出与之相匹配的一系列条例保障基本法的应用，使基本法更加有现实性，同时这些条例不可与法律冲突。目前各个地区制定的志愿服务相关条例存在着一些漏洞，太片面，不接近现实，不能够支撑志愿服务活动，需要进一步完善相关的法律法规。

三、政府应完善志愿服务资金筹措机制

不管在国外还是国内，志愿组织都面临着同样一个难题，那就是志愿组织

所需的开支与志愿组织所能募集到的资源之间存在巨大的缺口。政府作为管理者和服务者的角色，要扶持和培育志愿组织发展，帮助解决发展资金不足的问题，主动或引导拓展多渠道的资金筹措方式，建立持久稳定的志愿服务资金筹措机制。《中央精神文明建设指导委员会关于深入开展志愿服务活动的意见》提出"要加大经费投入、提供基本保障。要充分发挥政府投入的引导作用，采取适当方式为开展志愿服务活动提供必要的经费支持，鼓励企事业单位、公募性基金会和公民个人对志愿服务活动进行资助，形成多渠道、社会化的筹资机制"①。

（一）改良更新政府提供财政帮助的方式

首先，在保证国家能够通过立法保障政府建立志愿服务专项资金的基础上，积极推动政府对其财政支持方式的创新，以保证资金投入的使用效率。在当前我国市场竞争的环境中，政府应遵循市场规律的原则，改变以前区别对待官方志愿服务组织和草根志愿服务组织的做法，通过服务项目和服务效益的竞争来决定哪个或哪些志愿服务组织获得资助，这样就避免了政府公共资金的浪费，也可以促使志愿组织不断提高自身能力和服务质量，同时，又增强了政府使用税收资金的公信力和实效度。

其中，一个比较科学有效的方式就是，政府通过建立社会服务的招投标制度，创新地实现政府对志愿组织的公共财政投入，使我国的志愿组织能在政府的扶持下健康地成长。这种制度具体是指政府引入竞争机制将某些社会服务项目通过招标投标的方式承包给一些具有能力的专业社会组织。如果志愿组织中标，那么政府与志愿组织之间就形成买卖关系，政府由直接提供社会服务转变为间接提供社会服务项目。对志愿组织而言，不仅得到了政府的资金支持，还由于自身的专业优势，使资金使用效益和服务质量效率明显高于政府。对政府而言，这不仅使提供的社会服务能够保证质量，而且有利于政府减少行政成本，提高行政效率。

其次，由政府和民间共同出资，组建志愿服务专项基金会，设立专用账号，鼓励社会各界对志愿服务事业大力支持，建立志愿服务稳定、多方的资金来源渠道，并按照相关的法律规定，通过充足稳定的资金带动志愿服务保障体制建设。2007年，广东省成立中国第一个"志愿者事业发展基金会"，通过社会筹集资金3 000多万元，用于支持志愿组织建设、志愿文化宣扬、志愿项目创新和志愿者权益保障等事宜。从"授人以鱼"转向"授人以渔"，为广东省

---

① 袁媛，刘建成. 志愿服务政策法规概览［M］. 太原：山西经济出版社，2009：10.

各级志愿组织提供持续发展的资源，也为其他地区志愿组织的发展提供了有益借鉴。

（二）充分发挥个人或企业的捐赠力量

第一，政府应引导志愿组织有理有序地寻找资金，关注那些接受组织宗旨的潜在捐赠人，设计他们满意和支持的活动计划，甚至邀请这些人的参与，同时通过筹款活动培养新的潜在捐赠人。

第二，政府还可以为志愿组织和企业搭起合作的桥梁，比如，组织发起"公益服务博览会"，邀请包括志愿组织在内的公益类组织和知名企业参与，这样就为志愿组织和企业搭建了一个交流的平台，从企业获得财力或物力的捐赠，企业也通过对公益活动或志愿活动的参与支持，树立了良好的企业形象，履行了社会责任。例如，农夫山泉的广告词说道："从现在起，每喝一瓶农夫山泉，你就为希望工程捐出了一分钱。"这是农夫山泉和希望工程合作的典范。

第三，政府或志愿组织还应重视对捐赠者的补偿。虽然捐赠行为本身就是一种慈善和志愿行为，但是捐赠的主体能够得到受捐赠者，甚至政府部门象征性的物质补偿或精神上、名誉上的利益补偿，不仅可以增强捐赠者或企业的热情和积极性，也可以激励更多的人或企业参与到捐赠行动中。

第四，调整税收政策吸引更多企事业单位和社会个体的捐赠。比如企事业单位和社会个体对志愿服务的捐赠部分可以免税或税前全额扣除，既可以提高企事业单位和社会个体的捐助积极性，也是志愿服务今后获得资金支持的一个重要渠道。在美国和日本，国家通过减免、全免的形式吸引了公民和企事业单位的部分资金，拓展了志愿服务获取资金的一个重要渠道。另外，政府应当简化捐赠的程序和过程，为捐赠方提供简捷便利的捐赠通道。

四、政府应健全志愿服务监管评估体系

对于任何社会组织来说，不仅仅需要自律与互律，更需要他律。目前，志愿组织发展状况良莠不齐，政府应该建立一个有效的监督和评估机制，政府对志愿组织不再进行直接管理，而是通过对其监督评估来实现对其宏观的管理和引导，保证志愿组织有自由、公平和公正的发展空间。

（一）实行志愿服务财务独立核算制度

由于现有法规的限制，我国志愿组织在注册登记的时候都要附属于某个政府机构，实质是"一个实体，两个牌子"，所以，尽管志愿组织在财务上分设两个账号，但是并没有实行真正的财务独立核算，没有自主权。西方国家公民社会的发展比较成熟，民众对志愿组织的行为较为信任，相信公益性的社会组织在提供某些公共服务方面比政府更有效率，更能保证质量，因此，他们乐于捐赠，热衷于志愿服务的参与，这样就为志愿组织高效运作提供了物质保障。

　　而在我国，志愿组织的运行资金基本上来自政府有限的财政拨款，民间捐赠比较少。由于没有独立的财务核算制度，一些政府机构对志愿组织挪用甚至贪污捐赠资金的现象不能及时发现和制止，同时捐赠物资的运用不能或者极少对公众公开透明，导致志愿组织的社会公信力减低，即使有民众愿意捐赠，也往往因这些财物不能直接用于志愿组织和志愿服务的发展和建设而搁浅。因此，应尽快将志愿组织的财务核算制度和所挂靠的政府机构的核算制度分开，使其真正掌握资金运作的自主权，并且定时地向社会公众公开资金的使用情况，得到公众对志愿服务的信任和支持，从而实现政府和社会对志愿组织的有效监督。

　　（二）构建完善的志愿组织问责制度

　　志愿组织的公益性使得人们对其道德规范和行为准则的要求更高，志愿组织的任何违规行为不仅影响国计民生，还会打击公众的道德与信念。从国外的经验看，有效打击志愿组织滥用公共资源的方法之一就是建立问责机制。所谓问责就是指个人或组织对其使用的资源的流向及其效用的交代。交代的内容包括：资金的流向以及资金运用的效果。如果任何志愿组织出现任何违法、违规行为，都应该依法问责志愿组织负责人，依法严厉惩处。

　　（三）建立志愿服务第三方评估考核机构

　　比如深圳现代公益组织研究和评估中心，其主要业务之一就是运用社会组织评估指标体系，组织专业人员实现对公益社会组织进行量化评估。为推动志愿服务活动的可持续发展，应成立专业的志愿服务评估组织，邀请国内外的知名评估专家和学者参与，在国外已有的理论和国内经验的基础上，开发形成具有中国特色的志愿组织考核评估指标体系，包括对志愿组织本身内部治理和志愿服务过程的跟踪评估，等等。

　　五、政府应优化志愿服务协作沟通渠道

　　志愿者、志愿组织与政府之间往往由于缺乏有效沟通和高效协作，甚至由于信息不对称导致资源浪费。志愿服务需要热情，需要资源，需要想法，但这一切，都需要得到有序地协调，才能发挥出行动力应有的效能。只有志愿者、志愿组织与政府之间相互配合，优势互补、资源共享，不断沟通，高效协作，有序地参与工作，才能使志愿服务的效果达到最大化。为了更好地满足公众对志愿服务的不同需求，促进志愿服务事业的发展，应在政府、志愿组织和公众三方之间建立一个顺畅的信息沟通机制。

三方的沟通机制是建立在政府、志愿组织和公众三个主体相互信任的基础上，通过三个主体的合作努力共同达成。政府相信志愿组织能够全面地反映公众的服务诉求，及时发现社会中存在的问题并提供建设性的意见；志愿组织相信政府能够重视他们反馈的问题和意见，并能够切实解决问题，相信公众能够向他们表达真实的诉求和意愿，公众相信志愿组织是表达他们意志和传达他们利益诉求的良好平台，并且能配合政府有效解决问题。志愿组织能贴近公众、具有专业技能和创新能力，客观公正地处理问题、灵活机动地提供服务，这些优势使得志愿组织更容易掌握和了解公众的需求，因此政府应充分认识到志愿组织是能够帮助政府减轻负担、化解社会矛盾、促进社会和谐的社会组织，是对"政府失灵"和"市场失灵"的有益补充。

在处理有关社会事务以及决策过程中，政府应当主动地经常与志愿组织召开联席会议，积极听取他们的意见和建议，鼓励他们积极参与到政府的一些社会公共事务中。此外，双方在人员培训、技术指导等方面也可以开展合作，一些专业志愿组织可以为政府的一些公共服务项目提供专业人员培训、专业技术指导等。志愿组织也应主动与政府部门进行沟通从而获得支持。志愿组织要相信政府对社会团体的重视以及政府处理社会公共事务的能力。通过与政府的合作，志愿组织可以获得资金、技术、人员等方面的支持，增强组织的活动能力和影响能力。通过沟通，有更多的机会向政府表达民众的合理意愿，参与到政府对政治经济社会的管理和服务中。因此，志愿组织应扬长避短，积极主动和政府部门展开联系和沟通。

在西方，由于志愿组织本身的自愿性、公益性和非营利性，在公众心中，志愿组织的公信力比较强，公众多愿意通过志愿组织反映情况表达利益诉求。但是，在我国由于志愿组织的官方性特征，法律地位的不确定，以及本身政务的不公开，很多公众持怀疑态度，不愿意向他们反映意见，而是直接向政府反映甚至采取过激的行动。因此，志愿组织应通过对自身的改革，开放多种沟通渠道比如电视、网络、电话等媒介来吸引公众。政府也应该放宽对志愿组织的管制，增强公众对志愿组织的信任，引导公众通过志愿组织合理地表达诉求。通过这种对话渠道和沟通机制，三方可以增进了解，明确彼此的需求，达到相互信任，共同发展的目标。

参考文献

[1] 鲍春. 大学生志愿服务长效机制研究 [J]. 齐齐哈尔大学学报 (哲学社会科学版), 2015 (3).

[2] 北京市旅游发展委员会. 北京旅游志愿服务 [M]. 北京: 旅游教育出版社, 2016.

[3] 北京市哲学社会科学规划办公室, 北京市教育委员会, 北京市哲学社会科学研究基地. 北京市哲学社会科学研究基地成果选编 2009 下 [M]. 北京: 同心出版社, 2009.

[4] 本书编写组. 德意志意识形态 (节选本) [M]. 北京: 人民出版社, 2018.

[5] 本书编写组. 社区志愿者手册 [M]. 北京: 中国社会出版社, 2010.

[6] 陈刚. 企业志愿服务影响企业包容性创新的机理研究 [D]. 合肥: 安徽工业大学, 2017.

[7] 陈静. 高校志愿服务项目体系研究 [J]. 区域治理, 2022 (13).

[8] 迟云. 社会的良心和善行 [M]. 济南: 山东教育出版社, 2014.

[9] 戴彩虹. 新时期大学生志愿服务研究 [M]. 北京: 地质出版社, 2019.

[10] 党秀云. 志愿服务制度化——北京经验与反思 [M]. 北京: 国家行政学院出版社, 2013.

[11] 邓伟志, 李一. 中国社区建设的实践与探索 [M]. 杭州: 浙江教育出版社, 2009.

[12] 龚万达. 社会生态视野中的志愿服务研究 [D]. 上海: 上海大学, 2011.

[13] 郭俊华. 公共政策与公民生活 [M]. 上海: 上海交通大学出版社, 2018.

[14] 郭崎材. 提高国有企业志愿服务建设水平的途径 [J]. 化工管理, 2021 (34).

[15] 何文婷. 新媒体时代大学生志愿服务机制创新的思考 [J]. 高校后勤研

究，2021（1）.

［16］胡涛．多元推动发挥生态环境志愿服务作用［J］．中华环境，2022（Z1）.

［17］胡艳荣．节事活动策划管理实务［M］．长春：吉林文史出版社，2017.

［18］江汛清．与世界同行——全球化下的志愿服务［M］．杭州：浙江人民出版社，2005.

［19］金日兰，徐志闵．企业志愿服务初探［J］．现代经济信息，2020（3）.

［20］李惠斌，杨雪冬．社会资本与社会发展［M］．北京：社会科学文献出版社，2000.

［21］李佳．互联网背景下志愿服务的动员方式与其影响因素研究［D］．济南：山东大学，2017.

［22］李亚平，于海．第三域的兴起——西方志愿工作及志愿组织理论文选［M］．上海：复旦大学出版社，1998.

［23］梁烜．中小学生志愿服务项目的选择与设计［J］．北京教育（普教版），2016（9）.

［24］刘冬妮．大学生志愿服务功能研究［J］．长江丛刊，2019（35）.

［25］陆士桢，马彬．青少年志愿服务基本要素与理论基础［J］．广东青年研究，2001，35（4）.

［26］陆士桢．中国特色志愿服务概论［M］．北京：新华出版社，2017.

［27］罗峰．志愿组织发展中的政府责任：合法性视角的分析［J］．国家行政学院学报，2009（4）.

［28］罗毅莹．志愿服务"项目化"管理的实践与探索［J］．企业文化，2018（33）.

［29］毛立红．志愿服务与青年发展：因果机制与推进措施［J］．北京青年研究，2014（3）.

［30］毛泽东．毛泽东选集 第1卷［M］．北京：人民出版社，1991.

［31］［美］马斯洛．马斯洛成功人格学［M］．叶昌德，译．长春：北方妇女儿童出版社，2004.

［32］民政部社会工作司．社会工作与志愿服务关系研究［M］．北京：中国社会出版社，2011.

［33］穆青．志愿服务理论与实践研究［M］．北京：北京理工大学出版社，2010.

［34］聂邦军，周士荣．大学生志愿服务活动项目化管理研究与实践［J］．教育教学论坛，2015（48）.

［35］戚学森．城市社区建设思路与方法［M］．北京：中国社会出版社，2009．

［36］钱晓蓉．大学生参与志愿社会服务活动项目化管理的调查与分析研究［J］．佳木斯职业学院学报，2017（4）．

［37］邱服兵．志愿者服务岗位能力培训教材专业领域［M］．广州：广东人民出版社，2014．

［38］任文珺．高校志愿者队伍建设及其制度化管理［J］．文教资料，2017（28）．

［39］荣德昱．青春与伙伴同行——我国志愿服务法律法规与政策选编［M］．杭州：浙江工商大学出版社，2017．

［40］佘双好．志愿服务概论［M］．武汉：武汉大学出版社，2013．

［41］王名．非营利组织管理概论［M］．北京：中国人民大学出版社，2002

［42］王世强．非营利组织管理［M］．北京：首都经济贸易大学出版社，2018．

［43］王玉兰，李友得．社区服务工作［M］．北京：中央广播电视大学出版社，2011．

［44］王忠平，刘姝辛．企业志愿服务发展现状、问题及对策［J］．中国社会工作，2019（9）．

［45］王忠平，志愿服务管理理论与实务［M］．北京交通大学出版社，2015．

［46］吴光芸，杨龙．社会资本视角下的社区治理［J］．城市发展研究，2006（13）．

［47］吴晓林，张慧敏．社区赋权引论［J］．国外理论动态，2016（9）．

［48］习近平．习近平致信祝贺中国志愿服务联合会第二届会员代表大会召开［N］．光明日报，2019-7-24．

［49］向荣，董欣梅．服务—学习手册［M］．北京：中国社会出版社，2011．

［50］徐永祥．社区工作［M］．北京：高等教育出版社，2004．

［51］杨帆．我国志愿服务立法：原则、体系与特色［J］．中国矿业大学学报（社会科学版），2015，17（3）．

［52］杨燕，李艳会．大学生志愿服务长效机制构建研究［J］．湖南邮电职业技术学院学报，2020（4）．

［53］姚迈新．志愿服务中的政府责任［J］．长春市委党校学报，2015（3）．

［54］［英］派恩．现代社会工作理论（第三版）［M］．冯亚丽，叶鹏飞，译．北京：中国人民大学出版社，2008．

［55］袁国，徐颖，张功．新时代劳动教育教程［M］．北京：航空工业出版

社，2020.

[56] 袁媛，刘建成 . 志愿服务政策法规概览［M］. 太原：山西经济出版社，2009.

[57] 张仕进，任明广，刘安早 . 青少年志愿服务体系与培育机制研究［M］. 南京：南京师范大学出版社，2014.

[58] 张晓红 . 志愿服务理论与实践［M］. 北京：中国青年出版社，2019.

[59] 赵立波 . 公民社会理论与我国非政府公共组织［J］. 山东行政学院学报，2000（A1）.

[60] 郑杭生 . 社会学概论新修［M］. 北京：中国人民大学出版社，2003.

[61] 郑晓华 . 社区参与中的政府赋权逻辑——四种治理模式考察［J］. 经济社会体制比较，2014（6）.

[62] 周晨虹 . 英国城市复兴中社区赋权的 "政策悖论" 及其借鉴［J］. 城市发展研究，2014（21）.

[63] 周娜，崔征 . "互联网" 视域下中国大学生志愿服务状况探究［M］. 石家庄：河北人民出版社，2019.